Ulrich Wickert

DER EHRLICHE IST DER DUMME

Über den Verlust der Werte

Ein Essay

Hoffmann und Campe

Die Deutsche Bibliothek – CIP-Einheitsaufnahme

WICKERT, ULRICH:
Der Ehrliche ist der Dumme:
Über den Verlust der Werte/Ulrich Wickert.
– 9. Aufl. – Hamburg: Hoffmann und Campe, 1994
ISBN 3-455-11033-9

Copyright © 1994 by Hoffmann und Campe Verlag, Hamburg
Schutzumschlaggestaltung: Lo Breier
unter Verwendung eines Fotos von Knut Müller/Magma
Satz: Dörlemann Satz, Lemförde
Druck und Bindung: Mohndruck, Gütersloh
Printed in Germany

Inhalt

Vorwort 9

Wertewandel und Werteverlust

Weshalb noch Normen? 15
Vernunft ist Utopie 29
Menschenwürde als Prinzip 49
Orientierungskrise und Sinnsuche 65

Regeln für Staat und Bürger

Der moderne Gesellschaftsvertrag 87
Zu Freiheit gehört Mut 96
Solidarität endet, wo Macht beginnt 108
»Mein Wohl statt Gemeinwohl« 124

Menschenwürde und Medien

Mattscheibe und Wirklichkeit 151
Der Mensch als Nachrichtenware 161
Fluch der Gewalt 172
Betroffenheit als Handlungsmaxime 180

Freiheit – Gleichheit – Brüderlichkeit

Grenzen des Erlaubten	193
Gerechtigkeit für alle?	205
Solidarität im Wandel	221
Freiheit in Gefahr	238

Pflicht – Einsicht – Gemeinschaft

Disziplin – ein Fremdwort?	249
Vertrauen schaffen!	256
Das Individuum in der Gemeinschaft	262

Anhang

Literaturhinweise	273
Anmerkungen	276
Register	283

Für Catharina
und Friedrich

Vorwort

Das Schlechte belastet den Menschen, weshalb er es möglichst nicht wahrnehmen will. Weil Menschen aber überall Schlechtes tun, wird die Kunde über diese Taten verbreitet. Und da heute die elektronischen Medien Informationen über das Schlechte auch noch in Bildern schnell, manchmal überflüssig schnell, transportieren – wie Hunderttausende von Toten bei Stammesfehden in Afrika, wie die als »ethnische Säuberung« verharmlosten Massenmorde im Bürgerkrieg des ehemaligen Jugoslawien, wie der aus den eigenen Reihen geplante Mord an einem Präsidentschaftskandidaten in Mexiko, wie brennende Ausländerheime in Deutschland –, wünschen sich viele Zuschauer gute Nachrichten. Gute Nachrichten gibt es auch, doch verbreitet werden sie meist nur dann, wenn sie die eklatante Umkehr einer bisher schlechten Lage vermelden.

Wenn zwei gerade zehn Jahre alte Kinder in Liverpool einen Zweijährigen aus Langeweile brutal totschlagen, fragt sich mancher, ob die Moral, die gutes Handeln bestimmen soll, noch existiert. Als Moderator eines Nachrichtenmagazins, dessen Inhalt weitgehend von negativen Ereignissen in dieser Welt bestimmt wird, mache auch ich mir – notgedrungen – immer wieder Gedanken über den Zustand dieser Welt.

Die meisten Menschen in den Industrieländern erfahren den Widerspruch zwischen ihrem Alltagstrott und dem vom Fernsehsessel aus wahrgenommenen Bösen, das sich tatsächlich ereignet hat, allabendlich. Dieser Gegensatz hat in der westlichen Welt zu dem geführt, was Meinungsforscher ein »Orientierungsdefizit« nennen, das auf einen Wandel der Werte zurückzuführen sei. So meint fast die Hälfte der Deutschen, die Welt nicht mehr zu verstehen. Als Ursache wird angegeben, daß die individuelle Freiheit überbewertet, Normen abgewertet und Gemeinschaftsinteressen vernachlässigt würden. An die Stelle einer verbindlichen Ethik und allgemeingültiger Verhaltensmuster sei eine »weiche«, der jeweiligen Situation angepaßte Moral getreten.[1] In den Vereinigten Staaten, aber auch in Frankreich ist die Diskussion über Ethik und die Werte in einer Gesellschaft schon weit früher entfacht worden als in Deutschland, doch auch bei uns wird die Notwendigkeit immer stärker spürbar.

Gibt es da noch Neues zu sagen? Schließlich befaßt sich die Philosophie spätestens seit Aristoteles mit der Frage des Guten; Kant hat mit dem kategorischen Imperativ die Diskussion besonders in Deutschland bestimmt; von Hegel bis Habermas hat jeder Philosoph versucht, sich der Ethik auf seine Weise zu bemächtigen. Und seit knapp hundert Jahren haben sich auch Soziologie, Psychologie

10

und Pädagogik, ja selbst die Sprachtheorie der Ethik und der Moral angenommen.

In dem nachfolgenden Essay möchte ich mich nicht mit Philosophen und Wissenschaftlern messen. Ich nutze jedoch einige ihrer Erkenntnisse, um – als Journalist, der täglich mit »schlechten« Nachrichten arbeitet – an konkreten Beispielen praktischen Fragen nachzugehen. Fragen, die sich ergeben, weil politisches und gesellschaftliches Handeln häufig nicht von ethischem oder moralischem Wollen geleitet wird: Wie belastet dieser Werteverlust unsere Zeit, und welche Orientierungshilfe brauchen wir in einer Welt, die sich im Umbruch befindet?

Hamburg, im Sommer 1994   Ulrich Wickert

Wertewandel
und
Werteverlust

Weshalb noch Normen?

Die Entfernung verzeichnet ein Bild ins Grobe; Feinheiten verschwimmen; nur Umrisse bleiben sichtbar; sie aber zeigen das Wesentliche. Beginnen wir deshalb weit weg, in einem Erdteil, der uns scheinbar wenig betrifft – im fernen Asien –, in China, dort, wo Laotse und Konfuzius lebten, die uns so viele Aphorismen hinterlassen haben. Dort, wo in diesem Jahrhundert Mao hundert Blumen blühen ließ und Deng anschließend den Weg aus der Ideologie zur Marktwirtschaft wies, ohne aber der Freiheit wesentlich mehr Raum zu geben.

Im Herbst 1993 reiste Lee Kuan Yew, der Staatsgründer und langjährige Ministerpräsident von Singapur, nach China und hielt in dem kleinen Ort Chü Fu, wo vor zweitausendfünfhundert Jahren der heute noch für seine Weisheit in Staatskunst und Gesellschaftspolitik verehrte Konfuzius lehrte, eine Rede über den Westen und die Bedeutung gesellschaftlicher Werte. Lee sagte, China müsse sich entscheiden, wie schnell es wirtschaftlich wachsen, welche traditionellen Werte es bewahren und welche es abwerfen wolle. Denn Länder, die sehr schnell emporschössen, industrialisiert und modern würden, liefen stets Gefahr, einen Teil ihrer alten sozialen Strukturen zu verlieren. »Man muß immer einiges von dem Alten abstreifen, wenn man sich Neuem zuwendet«, erklärte Lee, »wenn aber die grundlegenden gesellschaftlichen Strukturen nicht mehr geachtet werden, dann verliert die Gesellschaft ihre Wurzeln und verfällt.« Wie Konservative es gern tun, so forderte Lee dazu auf, die alten Familientraditionen zu wahren: »Das Grundproblem im Westen ist«, sagte er, »daß man dort glaubt, der wirtschaftliche Fortschritt dauere an, so daß es für Familien nicht notwendig sei, Kinder aufzuziehen – der Staat und die Regierung würden sich um sie kümmern; was ich für ein großes Risiko halte, denn noch keine Zivilisation hat das über einen langen Zeitraum hinweg mit Erfolg erprobt.«

Auch wenn man vom Osten in den Westen schaut, gilt der Satz, daß die Entfernung ein grobes Bild zeichnet. Außerhalb Chinas bestehen in Asien drei aus Kolonien hervorgegangene Gesellschaften, deren Wirtschaft und Kultur chinesisch geprägt sind: Hongkong, Taiwan und Singapur. Hongkong ist am meisten vom Westen beeinflußt, Singapur am wenigsten, und das dank der »Einsichten« von Lee Kuan Yew. Singapur, so Lee, werde sich nie in eine liberale, westliche Gesellschaft, ähnlich der in Großbritannien oder in den Vereinigten Staaten, verwandeln. Falls dies dennoch geschähe, würde Singapur »in der Gosse landen«: »Wir hätten mehr arme Menschen in den Straßen, die im Freien schliefen, wir hätten mehr Drogen, mehr Verbrechen, mehr unverheiratete Mütter mit kriminellen Kindern, eine verunsicherte Gesellschaft und eine schlechte Wirtschaftslage. Die Schüler würden den Unterricht nicht mehr ernst nehmen. Sie würden ihren Lehrern nicht zuhören.«

Diese bisher unbekannte Herablassung gegenüber den europäisch geprägten Ländern sollte man nicht unterschätzen. Die von den westlichen Industriestaaten vorgenommene Aufteilung in Erste, Zweite und Dritte Welt galt während des Konflikts zwischen Kapitalismus und Kommunismus, während des Kalten Krieges, doch diese Kategorisierung ist längst überholt. Diese Einteilung wiegt politisch genauso wenig wie der Besitz der Atombombe, der nicht mehr das Gewicht eines Landes bestimmt, wie noch zu jenen Zeiten, als die Abschreckung notwendig war.

In den neuen Zeiten bekommen Wirtschaft und Zivilisation plötzlich eine ungeahnte Bedeutung. Es wird wahrscheinlich nicht so drastisch kommen, wie es der Harvard-Professor Samuel P. Huntington in seiner Studie »Zusammenstoß der Zivilisationen?«[2] vorhersagt; dennoch werden die kulturellen Unterschiede der verschiedenen Zivilisationskreise – westlich, konfuzianisch, japanisch, hinduistisch, slawisch-orthodox, lateinamerikanisch, afrikanisch – an Bedeutung gewinnen, weil die einzelnen Weltregionen wirtschaftlich erstarken und in politischen Wettbewerb zu der einst herrschenden Zivilisation des Westens treten werden.

Um zu überleben, so Lee, müßten die Bürger von Singapur in diesem Wettbewerb mithalten, und dazu benötigte Singapur Kinder, die willig seien zu lernen, die produktive und kooperative Arbeiter würden, die einen angemessenen Teil am Gewinn ihres Unternehmens verdienten.[3] Das Gesellschaftsziel scheint für Lee im wirtschaftlichen, also materiellen Erfolg zum einen und in sozialer Disziplin zum anderen zu liegen.

Wer nach Singapur reist, der kann diesen Erfolg besichtigen. Der Erhalt der Ordnung ist sogar wichtiger als die Wahrung der Menschenrechte. Die Regulierungswut geht weit: So ist es verboten, mit Hilfe einer Satellitenschüssel ausländische Fernsehsender zu empfangen. Bestraft wird, wer in öffentlichen Toiletten die Spülung nicht betätigt, wer eine Zigarette auf die Straße wirft oder um Zentimeter falsch parkt. Einem Politiker, der sich bestechen läßt, wird der seidene Schal zugeschickt, damit er sich nach alter Tradition selbst erhänge. Und bei Rauschgiftschmuggel oder »Vandalismus« ist zwingend die Auspeitschung vorgeschrieben. Zu sechs Hieben mit dem »Rotan«, der 120 Zentimeter langen, 1,3 Zentimeter dicken Peitsche, wurde 1994 der achtzehnjährige Amerikaner Michael Peter Fay verurteilt, weil er in Singapur Autos mit Farbe besprüht und getreten hatte. Die Strafe ist äußerst brutal, doch die von den Eltern von Michael Peter Fay in den USA veranstaltete Kampagne dagegen hatte kaum Erfolg: Vielmehr wollten die meisten Amerikaner derlei auch in ihrem Land einführen, vielleicht gäbe es dann in New York und anderen großen Städten weniger Verbrechen. »Wer recht hat oder unrecht, das wird die Geschichte zeigen«, sagte Lee in Chü Fu und fügte hinzu: »Aber ich glaube, ich habe recht.«

Überzeugt, richtig zu denken, haben asiatische Länder das Kürzel NDC, mit dem sie vom Westen als »newly developing countries« (neu sich entwickelnde Länder) bezeichnet werden, für die alten Industrienationen süffisant umformuliert. Sie nennen den Westen jetzt auch NDC, was für sie jedoch bedeutet: »newly decaying countries« (neu verfallende Länder).

Vier kleine Zeichnungen, gedruckt in den wichtigsten Tageszeitungen der USA, dem zivilisatorischen Vorreiterland der »newly decaying countries«, zeigen einen Schüler, der so denkt, wie es einem westlichen Land entspricht, in dem die gesellschaftlichen Werte durcheinandergeraten sind.

In dem Comic strip »Calvin and Hobbes« geht ein Erstkläßler zu seiner Lehrerin, baut sich vor ihrem Schreibtisch auf, hält ihr ein Stück Papier hin und sagt im ersten Bild: »Miß Wormwood, ich möchte, daß Sie diesen Vertrag unterzeichnen.«

Im zweiten Bild erklärt der Schüler: »Es ist eine Vereinbarung, wonach Sie mir einen Ausgleich für

jeden Verdienstausfall zahlen, den ich als Erwachsener wegen schlechter Volksschulerziehung erleiden
könnte.«

Drittes Bild: Die Lehrerin beugt sich vor und
weist mit dem Zeigefinger auf den Knaben:»Wenn
du nichts lernst, liegt es an deiner Faulheit, nicht an
mir. Geh zurück auf deinen Platz!«

Im vierten Bild sitzt der Knabe zornig auf seinem
Stuhl, stiert auf das Pult und meint: »By Golly,
irgend jemand muß doch zahlen, wenn ich nichts
lerne.«[4]

So drückt der Comic-Zeichner aus, wie heute
gedacht wird. Die Lehrerin repräsentiert die Gesellschaft. Nach Ansicht des Schülers muß die Gesellschaft für seine Faulheit eintreten. Nicht er ist für
sich selbst verantwortlich, sondern die Gesellschaft. Sie muß alles für ihn tun, weil er keine Lust
zum Lernen (Arbeiten) hat. Da verweigert sich der
Erstkläßler – als *pars pro toto* – nicht nur gegenüber
der Gesellschaft, sondern zunächst gegenüber sich
selbst. Er nimmt eine als anonym empfundene Allgemeinheit für seine individuellen Bedürfnisse in
Anspruch, will aber keine Verantwortung für sich
selbst, geschweige denn für andere – wie es das
Leben in einer Gesellschaft erfordert. Das Verhalten
des Schülers ist charakteristisch für die extrem von
Egoismus und Hedonismus geprägte westliche
»Überfluß«-Gesellschaft.

❖

»Es gibt Leute, vor denen man sich ekelt«, mit diesen Worten begann ich in den »Tagesthemen« die Moderation zu einem Tabuthema aller westlichen Gesellschaften: Sex mit Kindern. Leute, die Kinder mißbrauchen, so stellte sich in der Sendung heraus, sind keine Monster, sondern scheinbar ganz normale Bürger, der Mann oder die Frau von nebenan. Keine Scham bremst sie, sich an den Kleinen zu vergreifen. Keine Tugend veranlaßt die anderen, einzugreifen, wenn sie davon erfahren.

Jedes vierte Kind, so sagen Fachleute, wird mißbraucht, doch meist schauen die Eltern oder die Verantwortlichen weg, wenn es passiert, weil ihnen dieser ungeheure Moralbruch peinlich ist. Es sei denn – sie sind selbst an der Untat beteiligt.

Im Frühjahr 1994 wurde eine Gruppe von zwanzig Männern und Frauen im mittelfränkischen Flachslanden wegen Kinderschändung vor Gericht gestellt. Über Jahre hinweg hatten sie neun Kinder sexuell mißbraucht. Die Eltern selbst hatten ihre Söhne und Töchter im Alter von zwei bis zwölf Jahren für brutale Orgien zur Verfügung gestellt. Und als bei einem Kindergeburtstag die Kleinen von Erwachsenen vergewaltigt wurden, hielten die Eltern den schreienden Opfern den Mund zu, damit die perversen Handlungen mit einer Videokamera aufgezeichnet werden konnten. Verhalten die Eltern sich so, weil die Werte verfallen sind? fragt sich da der Bürger, der doch von »so etwas Ekligem« weit entfernt ist.

21

In Rostock steckten Jugendliche ein Ausländerheim an. Die Polizei hat zugesehen; die Bewohner des Ortes griffen nicht ein, sie haben die Gewalttäter eher noch ermutigt. In Mölln und in Solingen zündeten junge Männer nachts die Wohnhäuser türkischer Bürger an – Frauen und Kinder kamen dabei um. Auch damit hat der durch diese Nachrichten erschreckte Bürger nichts zu tun. Wirklich nicht?

Da hat sogar der ehemalige Berater von Bundeskanzler Helmut Kohl, Pater Basilius Streithofen, öffentlich gedonnert, die Juden und die Polen seien die größten Nutznießer des deutschen Steuerzahlers. Wenn ein Mann von solch gesellschaftlicher Stellung – Geistlicher und Kanzlerberater – so hetzt, darf sich dann der Normalbürger nicht an diesem Vorbild ausrichten? Es wurde Klage gegen Basilius Streithofen erhoben, der Pater wurde verurteilt, zahlte eine Buße und schwor, derlei öffentlich nicht mehr von sich zu geben.

Aber wenn man es auch nicht an die große Glocke hängt, so denkt doch manch einer: Mit den Ausländern gibt es tatsächlich »Probleme«. Das sagen Väter und Mütter am Abendbrottisch, an dem Halbwüchsige sitzen, die – vielleicht im Rausch – dann irgendeines dieser »Probleme« mit dem Zündholz lösen wollen. Denn viele von ihnen haben nicht gelernt, mit Problemen umzugehen. Ihnen fehlt das soziale Rüstzeug. Ihnen fehlen Wertorientierungen, die ein von der Gesellschaft gebilligtes Wollen und Handeln vorgeben; ihnen fehlen von der Gemeinschaft aufgestellte Schranken, die sie vor Brandanschlägen, vor Mord oder Totschlag zurückschrecken lassen.

Das ist, meint der Durchschnittsbürger, nicht meine Welt. In welcher Welt aber lebt er, der als normal bezeichnete Bürger? Da wird gemeldet: »Bürgermeister, Landräte und Kommunalbeamte genehmigten sich drei Jahre lang mehr als das Doppelte der ihnen zustehenden Gehälter.«[5] Das war kein Einzelfall, sondern es waren acht Landräte, 42 Bürgermeister und 68 kommunale Beigeordnete in Sachsen, fast alle Mitglieder der Christlich Demokratischen Union, die sich bis zum Zweieinhalbfachen der üblichen Gehälter auszahlen ließen. Trotz einer Rüge des Bundesrechnungshofes erklärte ein Sprecher des sächsischen Finanzministeriums: »Sehr ärgerlich, doch machen kann man da wohl nichts.«

Diese Herrschaften haben sich verhalten wie der Erstkläßler in dem Comic strip: Sie nehmen das Geld der anonym empfundenen Allgemeinheit für ihre individuellen Bedürfnisse in Anspruch. Und die Öffentlichkeit hat sich damit abgefunden, daß viele von denen, die nah an der Staatskasse sitzen, sich soviel wie möglich zu eigenen Gunsten auszahlen lassen, so als sei der Staat eine Gelddruckmaschine. Das Image der ehrlichen, hart arbeitenden

Politiker, von denen es mehr gibt, als die Öffentlichkeit erfährt, ist längst in Mitleidenschaft gezogen worden. Die Bürger könnten die sich selbst bedienenden Politiker zu ethischem Verhalten zwingen, indem sie bei Wahlen dieses gesellschaftsschädigende Verhalten abstrafen. Doch dann – so stellen sie bei genauerer Analyse resigniert fest – erlaubt ihnen die politische Wirklichkeit wegen des Wahlrechts und des Parteiengefüges kaum eine Alternative. Also nehmen sie hin, was geschieht.

Das Streben nach Geld, nach einem materiellen Wert, läßt schließlich auch den vermeintlich unbescholtenen Bürger seine ideellen Werte vergessen. Auf der gesellschaftlichen Skala der angesehenen Personen stehen Professoren als Vorbilder im Staat weit oben. Doch was verbreitet der Präsident des Deutschen Hochschulverbandes? In Deutschland gebe es immer mehr Doktores, die ihren akademischen Titel zu Unrecht trügen. »Die Eitelkeiten und Karrieregelüste einer zahlungskräftigen Klientel«[6] haben früher schon manchen – dafür von anderen belächelten – Menschen dazu verführt, sich einen ausländischen Titel zu kaufen, doch inzwischen bieten einige hundert deutsche »Promotionsberater« ganz offiziell Mithilfe bei der Doktorarbeit an, für bis zu 150 000 Mark. »Verständnisvolle« Hochschulprofessoren an deutschen Universitäten sind bereit, die Dissertation eines »privaten Spenders« weniger genau zu prüfen als die eines ehrlichen Studenten. Und was Professoren recht ist, ist Rechtsanwälten billig: Eine schriftliche Arbeit für das juristische Staatsexamen kann man sich gegen Bezahlung schreiben lassen.

Auch in diesem Bereich erleben wir das Versagen der Vorbilder. So ruft der Deutsche Hochschulverband nun diesen in der Gesellschaft herausragenden Personenkreis nicht etwa zu ethischem Verhalten auf, sondern geht den einfacheren Weg und fordert andere Prüfungsordnungen. Würde man die »verständnisvollen« Hochschullehrer dazu bewegen, zum ethischen Handeln von einst zurückzukehren – mit all den Einsichten und Pflichten, die daraus folgen –, würden sie den Mißbrauch aus eigener Einsicht einstellen. Ändern die Universitäten aber nur die Prüfungsordnungen, dann wird, wer auf Geld aus ist, Wege suchen und finden, um die neuen Verfügungen zu umgehen und weiterhin unethisch zu handeln.

»Irgend jemand muß doch zahlen«, denkt der Erstkläßler im Comic strip, der den normalen Bürger verkörpert, und irgend jemand zahlt immer. Die Deutschen sind die »Weltmeister« im Reisen. In den einsamsten Tälern Nepals trifft man sie, im Dschungel von Guyana, in Thailand, auf den Philippinen ... Und weil man nie weiß, was einem unterwegs widerfährt, versichert man sich. Rund siebzehn Mark kostet eine Auslandsreise-Krankenversicherung. Und dann sitzt der gesunde, versicherte Reisende an der Theke in Bangkok. Dort bietet der Barkeeper, der seine deutschen Pappenheimer schon kennt, für dreihundert Mark Arztrechnungen an: »Diagnose: Magen- und Darminfektion. Aufenthaltsdauer: acht Tage. Ort: Thai-White-Star-Hospital. Gesamtbetrag 2800 Mark.« Die Klinik ist erfunden, solche Rechnungen wurden dennoch an Versicherungen geschickt.

Ein deutsches Ehepaar legte gleich zwei Rechnungen von den Philippinen vor, wo sie angeblich zur gleichen Zeit in zwei verschiedenen Krankenhäusern stationär behandelt worden waren. Der Sachbearbeiter der Versicherung wurde jedoch stutzig, als er auf die Landkarte schaute und feststellte, daß die Hospitäler tausend Kilometer auseinander lagen. Ein anderes Paar kam sich noch schlauer vor: Es hatte bei dreizehn privaten Krankenkassen Reiseversicherungen abgeschlossen und bei allen die gleichen gefälschten Belege über 70 000 Mark eingereicht. Hätte der Coup funktioniert, wären die beiden fast Millionäre geworden.

So geht es auch anderen Versicherern: ein Pizzabäcker in Südwestdeutschland hatte seiner Frau ein Auto im Wert von 150 000 Mark gekauft und vollkasko versichert. Dreimal widerfuhr ihm Pech, dreimal wurde das Auto geklaut, dreimal wollte er kassieren; doch beim letzten Fall stellte sich heraus, daß er zuvor einen Nachschlüssel zu dem Wagen hatte anfertigen lassen. Ein Einzelfall? Keineswegs.

In Deutschland wurden 1992 rund 131 000 Autos im Wert von 1,3 Milliarden Mark gestohlen, doch es sind weniger Diebe unterwegs, als diese Zahl vermuten läßt. Das Bundeskriminalamt schätzt den Anteil der vorgetäuschten Diebstähle auf dreißig bis fünfzig Prozent. Mit einer halben Million Betrugsfälle im Jahr rechnen die deutschen Autoversicherer, was die Taschen der betrügerischen Bürger um zwei bis vier Milliarden Mark füllt. Die Privathaftpflicht scheint manch einer als Zusatzeinkommen anzusehen, denn bei den Schadensmeldungen schätzt der zuständige Referent eines Versicherungsunternehmens die Betrugsversuche auf achtzig Prozent.

Nach einer Studie der Nürnberger Gesellschaft für Konsumforschung, publiziert im Juli 1994, hat jeder vierte seine Privathaftpflicht schon einmal betrogen. Davor schreckt kaum jemand zurück, selbst diejenigen nicht, die sich als Verteidiger der Tugenden empfinden und den Benimm im Panier führen. Wenn etwa beim Kaisercorps Borussia in Bonn die Mannschaft wieder einmal über das Maß gebechert hat, dann tritt schon mal ein Sturzbetrunkener mit Gewalt eine Tür ein. Kaisercorps nennen sich die Borussen, da dort während des Kaiserreichs der Kronprinz Corpsbruder war, und heute noch fühlt sich diese Studentenschaft als edelste von allen. Eine mutwillig demolierte Tür, so berichtet ein Corpsmitglied, wird aber auch bei ihnen ein Fall für die Versicherung.

Der Betrug ist inzwischen ein Gesellschaftsspiel geworden, von dem man meint, man schade niemandem, höchstens den Versicherungen, denen man ohnehin »kriminelle« Machenschaften nachsagt. Und vom Hilfsarbeiter bis zum Professor sind alle gesellschaftlichen Gruppen bei diesem Spiel vertreten. Das Freiburger Max-Planck-Institut erforschte, daß Versicherungsbetrüger häufig über Abitur und weiterführende Ausbildung verfügen – die kaufmännischen Berufe sollen sogar besonders häufig vertreten sein.

Betrug ist ein strafrechtlicher Tatbestand, dennoch kommen die meisten Versicherungsbetrüger ungeschoren davon, selbst wenn ihre Schadensmeldung als falsch auffliegt. Die Versicherungsfirmen wollen ihre Kunden nicht vergrätzen, und schließlich wird aus dem Versicherungsaufkommen gezahlt, also kostet es das Geld der Gemeinschaft der Versicherten, aber nicht des Unternehmens. Da andere zahlen, ist auch der Versicherungsgesellschaft am ethischen Verhalten ihrer Kunden nur wenig gelegen. Wer sich aber gemäß den Normen verhält, wird bestraft, denn er zahlt für seine Police einen unnötig hohen Betrag – und damit für den Betrug der anderen.

So stellt die Gesellschaft eine neue Spielregel auf: Der Ehrliche ist der Dumme.

Vernunft ist Utopie

Weil es inzwischen auch dem einfältigsten Ehrlichen dämmert, daß er der Dumme ist, beginnt er über die Ursache dafür nachzudenken. Und er stellt sich die Frage: »Was habe ich davon, wenn ich ehrlich bin?«

Übertragen in die Begriffswelt der Ethik heißt dies: »Welchen Sinn macht es, wenn ich Gutes will und entsprechend handle?« Was zu der eigentlich völlig überflüssigen Frage führt: »Was für ein Sinn steckt in dem Wort ›gut‹?« Denn was »gut« ist, sollte jeder wissen. Wenn es schon so weit ist, daß solch banale Begriffe in Frage gestellt werden, dann sind die Wurzeln der Gesellschaft angegriffen.

Solange der politische Gegensatz von rechts und links offensichtlich war, hie Kapitalismus, dort Sozialismus, wußte fast jeder, was gut und was böse war, und damit schien alles sehr einfach. Zwei Ideologien, zwei Wertesysteme, standen sich gegenüber. Der ideologische Gegner war immer der Böse, im Umkehrschluß vertrat man selbst das Gute. Spätestens mit der deutschen Einheit fand dieser Gegensatz ein Ende, weil die politischen Systeme der sozialistisch-kommunistisch regierten Hälfte der Welt zu Grabe getragen wurden. Und ohne die Herrschaftssysteme hatte auch die sozialistische Ideologie im staatlichen Bereich keine Existenzberechtigung mehr.

Wenn nun das Denkschema wegfällt, wonach soll man sich dann richten? Was macht Sinn, was ist Unsinn?

Was die daraus resultierende Sinnkrise bewirkt hat, läßt sich leicht in der Außenpolitik darstellen: Ein Konflikt wie der in Jugoslawien konnte unter den »alten« Umständen gar nicht ausbrechen. Wäre er trotzdem entstanden, dann wäre er anders gelöst worden. Der Westen hätte sich herausgehalten, denn die Respektierung der Einflußsphären gehörte zu den ungeschriebenen Abmachungen der Weltpolitik. Der Ostblock hätte das Problem mit eigener Gewalt gelöst – wie in Budapest 1956 oder in Prag 1968, oder auch wie später in Polen, wo der Westen nicht gewagt hätte einzugreifen. Nun stehen sich seit Ende der achtziger Jahre Ost und West nicht mehr als Gut und Böse, nicht mehr als Todfeinde, gegenüber. Rußland wird zwar gerade noch als Weltmacht akzeptiert, und Moskau beansprucht diese Rolle ganz bewußt, aber der Gegensatz beruht nicht mehr auf Ideologien. Ideologien sind nichts anderes als ganzheitliche Wertesysteme. Und weil diese Wertesysteme weggefallen sind, fehlen in vielen Bereichen die Maßstäbe, die den Willen und das Handeln bestimmen.

Aber es sind nicht nur die Maßstäbe weggefallen, sondern auch ein anderes, wesentlich mit der

Durchsetzung moralischer Regeln verbundenes Element: die Pflicht. In der kapitalistischen wie auch in der kommunistischen Gesellschaft wurde jeder durch die Ideologie in die Pflicht genommen. Es war Pflicht, nicht gegen die Interessen des eigenen Systems zu verstoßen. So war unethisch, was dem Gegner diente.

Ein Beispiel: Die westliche Gemeinschaft schützte sich durch eine Ausfuhrverbotsliste (Cocom) gegen eine zu schnelle technologische Entwicklung der Sowjetunion. Regelmäßig trafen sich Diplomaten geheim in Paris und gingen die Liste durch, auf der vermerkt war, welche zivilen Güter (Computer etc.) nicht an den Ostblock verkauft werden durften. Nach dem Wegfall des ideologischen Gegensatzes gibt es diese Liste nicht mehr. Jetzt ist gut, was einst böse war. Jetzt macht der Unternehmer nämlich seinen Gewinn und sichert Arbeitsplätze, wenn er nach Moskau, Kiew oder Baku verkauft, was einst verboten war.

Daß die ehemaligen Ostblockländer eine Sinnkrise durchmachen, leuchtet jedem ein, denn ihre Gesellschaften wurden mindestens vierzig Jahre lang von der kommunistischen Ideologie geprägt. Zwar wurde diese Ideologie anders verwirklicht als im Ideal vorgegeben, doch als Ziel hatte man immer noch ein gerechteres Leben für den Menschen vor Augen, und viele – auch Intellektuelle – glaubten daran. Wenngleich die Menschen in diesen Staaten wenig wirtschaftlichen Erfolg und politische Freiheit hatten, Gegner der Regierung gefoltert, ja, in Gulags eingesperrt oder unter Stalin millionenfach umgebracht wurden, so wissen die Menschen nach dem Bankrott dieses Systems nicht, wie sie sich in einer nun kapitalistisch geprägten Welt zurechtfinden sollen. Das fängt mit ganz einfachen Dingen des täglichen Lebens an: Man muß lernen, sich dem Wettbewerb zu stellen, etwa um einen Ausbildungs- oder Arbeitsplatz zu bekommen.

Die Ideologie, mit der der Ostblock sein System begründete, basierte auf dem Versprechen einer besseren Welt. Wer hätte ihn nicht, diesen Wunsch? Deshalb ist er auch nicht neu: Die Philosophen im alten Griechenland, später Jesus und seine Jünger und immer wieder neue Denker in allen Zivilisationen haben sich damit befaßt. Die sozialistische Ideologie, die von einer wirtschaftlichen Interpretation der Gesellschaft ausging, basierte auf dem Gedanken, wenn der Mensch nur der Vernunft folge, könne die gerechte Gesellschaft verwirklicht werden. Sie ist – ebenso wie das Paradies – eine Utopie.

Der Vernunft zu folgen klingt in gleicher Weise klug und verführerisch. Schließlich versuchten auch im Westen Bürger, Intellektuelle und Politiker eine Utopie zu verwirklichen. Dabei spielt die Studentenrevolte von 1968 eine große Rolle, die in Wirklichkeit eine Kulturrevolution war. Eine ganze Generation war von dem Denken beseelt, eine bessere Gesellschaft sei möglich, wenn die Vernunft siege. Aus der Vernunft leiten auch die modernen Philosophen die Definition des Guten her. Im Umgang mit Autoritäten, im politischen, aber auch im gesellschaftlichen Verhalten, in der Erziehung wurde in dem folgenden Jahrzehnt im Sinn eines neuen Wertesystems viel verändert.

Zwei grundlegende Begebenheiten, eine im Westen, die andere im Osten, haben jedoch dazu geführt, diese Bewegung aufzuhalten. Denn in beiden Fällen ist die Vorstellung gescheitert, der Mensch könne das Gute umsetzen, wenn er Vernunft walten ließe.

Zum einen führte der Wegfall des real existierenden Sozialismus zu der Frage: Ist mit dem kommunistischen System auch die Idee des Sozialismus gescheitert? Zum zweiten haben in Deutschland und Frankreich lange Jahre sozialdemokratische Regierungen geherrscht. Viele werden sich noch an die Euphorie erinnern, die bei einem großen Teil der Bevölkerung einsetzte, als Willy Brandt an die Macht kam und nach über zwanzig Jahren eine konservative Regierung ablöste – und noch mehr, als er das Mißtrauensvotum überstand. Eine ähnliche Stimmung herrschte im Mai 1981 in Paris, als François Mitterrand das Amt des Staatspräsidenten antrat – und auch mit ihm nach zwanzig Jahren konservativer Herrschaft in Frankreich ein Sozialist die Macht übernahm. Beide verkörperten den vermeintlichen Aufbruch in eine neue Zeit, das Versprechen einer besseren, gerechteren Zukunft. Sozialdemokraten wie Sozialisten beseitigten zwar viele Mißstände, schufen mehr Freiheiten und größere Gerechtigkeit; doch die Politiker der Parteien, die diese fortschrittlichen Regierungen trugen, gaben sich, statt die Utopie umzusetzen, dem reinen Verwalten der Probleme hin, was zwar mit den Zwängen der Politik entschuldigt wird, aber eher als konservativ gilt.

Die deutsche Sozialdemokratische Partei ist schließlich an sich selbst gescheitert, weil ihrer Mehrheit, die vorgab, eher ethisch als politisch zu denken, Werte – wie Frieden – wichtiger waren als die vom sozialdemokratischen Kanzler Helmut Schmidt vertretene Machtpolitik. Die Parteidelegierten wandten sich gegen das Wettrüsten zwischen Ost und West, eine Gefahr für den Frieden, während »der Macher« Helmut Schmidt sich an alte Regeln der Macht hielt; auch er handelte, um den Frieden zu wahren. Helmut Schmidt hat – ein Jahrzehnt später ist es klar – recht behalten, was diejenigen, die damals den Wert »Frieden« für sich in Anspruch genommen hatten, heute verunsichert.

Während des Golfkriegs engagierten sich noch einmal viele Deutsche für ihre ideellen Werte. Auch hier war ein Gegner klar erkennbar, nämlich der »kriegslüsterne amerikanische Imperialismus«. Kirchen wurden mit weißen Bettüchern behängt, Mahnwachen fanden statt, sogar der rheinische Karneval wurde abgesagt.

Als kurz darauf jedoch der geographisch sehr viel nähere Bürgerkrieg in Jugoslawien beginnt mit seinen unendlichen Greueln, Morden, Vergewaltigungen von Frauen und Kindern, geht der rheinische Karneval weiter. Ein klarer Gegner ist nicht auszumachen; damit fehlt plötzlich auch die Erkenntnis, wer (und was) gut und böse ist. Plötzlich fordert mancher Friedensbewegte, Europa müsse – notfalls mit der NATO – militärisch eingreifen, um diesen Krieg zu beenden. In diesen Widersprüchlichkeiten entpuppt sich der Zwiespalt, in dem unsere Gesellschaft und damit ein in Werten Halt suchender Mensch sich befindet, dessen moralisches Koordinatensystem durcheinandergewirbelt wurde.

In Paris ist die sozialistische Regierung nicht abgewählt worden, weil sie versuchte, eine Utopie zu verwirklichen, nicht weil sie Großunternehmen und Banken verstaatlichte, auch nicht, weil sie schließlich eine realistische Wirtschaftspolitik betrieb, sondern weil sozialistische Politiker sich so in Machtkämpfe und Korruption verstrickten, daß sich die Bürger angewidert abwandten. Damit ist der scheinbar greifbare Traum zerstoben, Ideale könnten mit praktischer Politik umgesetzt werden. Die Glaubwürdigkeit ist verlorengegangen.

Diejenigen, die in Protestparteien – wie bei den deutschen Grünen – einen anderen Weg gehen, erleben auf der einen Seite, daß die Beteiligung an der Macht eine »reale« Einschätzung von Politik erfordert, daß jedoch in der Opposition bleibt, wer auf »fundamentalen« Werten beharrt. Darin liegt der Grund, weshalb diejenigen, die eher fortschrittlich denken, sich die Frage stellen: Gibt es noch eine Linke? Sie suchen ein Wertesystem, das durch die Wirklichkeit nicht so korrumpiert ist wie der Sozialismus, das aber Hoffnung auf eine bessere Zukunft verspricht. Mit Ethik verbanden sie bisher eher einen bürgerlichen Moralbegriff, dessen Werte sich allein auf das Individuelle und Zwischenmenschliche beschränken und nichts wirklich Verbindliches vorgeben, es sei denn, man zöge sich auf christliche oder andere religiöse Traditionen zurück – was Aufgeklärte eher abschreckt. Doch da der Begriff »Ideologie« durch die nahe Vergangenheit negativ besetzt ist, benutzen auch sie plötzlich das in den letzten Jahren eher konservativ gedeutete Wort »Werte«, sprechen von Ethik und Werten, von Moral und Sitte.

Für die Gegner des Sozialismus sah es zunächst so aus, als habe ihre Ideologie, der Kapitalismus, gesiegt, der sich in Deutschland als soziale Marktwirtschaft versucht. Der Glaube an den Sieg der kapitalistischen Ideologie steckt noch in den Worten von Bundeskanzler Helmut Kohl, in den östlichen Bundesländern würden blühende Landschaften entstehen – also dort, wo der Sozialismus gescheitert ist, werde die Marktwirtschaft triumphieren.

In den Vereinigten Staaten begann Ende der achtziger Jahre die größte Rezession der Nachkriegsgeschichte – etwa zu dem Zeitpunkt, an dem der kommunistische Block zusammenbrach. Diese

Krise löste den Zweifel am eigenen Wertesystem aus. Die Garantie eines ständigen Fortschritts, der immer mehr Geld und damit eine materiell bessere Zukunft versprach, lief ab. So verlor auch der Kapitalismus in seiner bisherigen Form seine Glaubwürdigkeit. Denn plötzlich war offensichtlich, daß ein ethisches Fundament fehlte.

Krisen hat die Wirtschaft des Westens immer wieder durchgemacht. Die letzte große Veränderung wurde durch die Automatisation mit Robotern und Elektronik ausgelöst, doch meist betrafen Entlassungen nur untere Einkommensschichten. Dieses Mal verlieren ihre Anstellung auch Akademiker und Topmanager, die sich bisher völlig sicher fühlten. Finanziell sicher ist damit gemeint. Das Wort »abspecken« wird salonfähig, so, als handle es sich bei denen, die entlassen werden, um überflüssigen Speck am Körper. Die Maden können gehen!

Wirtschaftsforscher sagen voraus, in Zukunft würden Akademiker in hohem Maße unbeschäftigt bleiben; eine zwanzigprozentige ständige Arbeitslosigkeit wird für die westlichen Industriestaaten prognostiziert. Demzufolge werden etwa dreißig Prozent der Bevölkerung das gesamte Sozialprodukt erwirtschaften. Als die Arbeitslosigkeit – manchmal versteckt als Frührente, Umschulung oder Kurzarbeit etc. – nur diejenigen traf, die ihr ganzes Leben mit jedem Groschen zu rechnen hatten, berührte es diejenigen nicht, die Geld hatten.

Jemand, der sich stets am Rande des Existenzminimums bewegt, ist gewohnt, mit nur wenig Geld auszukommen. Aber ohne Geld oder nur mit einem Minimum zu leben, das kannte bisher keiner, der an der Park Avenue für eine halbe Million Dollar eine Wohnung auf Kredit kaufte oder in Long Island ein Wochenendhaus besaß. Jetzt hat es viele erwischt, nicht nur an der Park Avenue oder an der Avenue Foch, sondern auch in Stuttgart, München oder Frankfurt. Das ist der Aspekt »Marktwirtschaft« im Kapitalismus.

Aber auch das damit verbundene Adjektiv »sozial« wird von konservativen wie fortschrittlichen Parteien zum ersten Mal in Frage gestellt: Der von rechts wie links aufgebaute Sozialstaat ist nicht mehr finanzierbar. Also erfanden die Politiker das unverfänglich klingende Wort vom »Sozialabbau«. Wenn es die Unterschicht trifft, dann scheint es natürlich. Wenn aber der Finanzier, Bankier, Manager plötzlich auf der Straße sitzt, sein Appartement wegen der Wirtschaftskrise nur noch die Hälfte wert ist, dann bricht nicht nur er, sondern mit ihm der Glaube an die (materiellen) Werte zusammen. Denn dann trifft es eine Säule des Kapitalismus. Plötzlich stimmt etwas nicht mehr in dem System der Marktwirtschaft. Und alle – von »Wall Street Journal« über »Le Monde« bis zu »Die Zeit« – fallen mit ihm in den Chor ein: »Was jetzt?«

Überall, in den Vereinigten Staaten wie in Europa, vor allem in Frankreich, in Deutschland und neuerdings lautstark in Italien, suchen Intellektuelle und Publizisten die Antwort darauf. Von Ideologien – als umfassenden Wertesystemen – hat die herrschende Meinung Abschied genommen. Die Frage nach dem Sinn beantworteten die Kirchen ehemals ganz einfach, man mußte nur an Gottes Gebote glauben. Glauben wollen die Menschen heute kaum noch. Sie wollen begründet wissen, was die verbindlichen Werte sind, die Wollen und Handeln in einer Gesellschaft bestimmen.

Philosophen haben schon vor einigen Jahren die Frage nach der Ethik wiederentdeckt, die eine Antwort darauf geben soll, was das Gute sei. Und auf der Suche nach einer gemeinschaftlichen Wertorientierung ist gleich wieder Streit entbrannt.

Da es modern ist, mit dem Begriff »Werte« zu jonglieren, wird damit viel Schindluder getrieben. Denn jetzt, nach dem Zerfall der ideologischen Systeme, versuchen Vertreter jeder Geistesrichtung, ihre Ansicht als die einzig wahre zu erhöhen; wobei wir behutsam von der Feststellung ausgehen sollten, daß es eine »einzige« Wahrheit nie geben wird. Aber, so fragt sich manch ein Politiker, können wir uns nicht »wertkonservativ« nennen und damit die Werte für uns Konservative in Anspruch nehmen? Wobei insgeheim mit »Wert« allein »Macht« gemeint ist.

Die Macht aber ist überhaupt kein Wert. Und Politiker, die nur die Macht um ihrer selbst willen konservieren wollen, sollten von den Bürgern schleunigst abgewählt werden. Soziologen streiten sich darüber, ob die neue Gesellschaft an Werten orientiert oder multikulturell ausgerichtet sein sollte, wobei sie übersehen, daß darin kein Widerspruch steckt. Nun war es zu den Zeiten, in denen die Religion die Werte vermittelte, sehr viel einfacher, denn ihre Herkunft von Gott war allein schon Begründung und Gebot. Wer aber stiftet heute die Werte? Die Politiker etwa? Sicher nicht!

»Die öffentliche Klage über die Schwindsucht der Werte und der vielstimmige Ruf nach der Stiftung neuer ist von seltsamer Naivität«, klagt Helmut Dubiel.[8] Denn wenn die öffentlichen Mittel knapp würden, dann könne der Staat Kredit aufnehmen. Wenn aber die öffentliche Moral knapp wird, ist das schwierig. Werte lassen sich weder stehlen noch übertragen noch kreditieren. Und Lebenssinn und Gemeinschaftsverpflichtung lassen sich nicht einfach verordnen. »Außerdem«, so Dubiel, »ist die selbstverständliche Annahme verblüffend, früher hätte es an Sinn und verpflichtenden Traditionen keinen Mangel gegeben. War die vor fünfzig Jahren betriebene industrielle Massenvernichtung von Menschen nicht auch die Folge einer Erosion von Werten ganz anderen Ausmaßes?« Allerdings kann man eine Diktatur – und noch dazu eine so brutale wie die der Nazis – nicht mit den westlichen Demokratien vergleichen, die heute unter der Auszehrung konsensstiftender Werte leiden.

Zwar hält in einer modernen Demokratie der Staat mit all seinen Instrumenten die Gesellschaft zusammen, aber er regelt nur die Infrastruktur, sicherlich nicht den kulturellen Ausdruck. Der Staat ist zuständig für den geregelten Ablauf von Verkehr, Justiz, innerer und äußerer Sicherheit etc. Der Staat – und seine Agenten, die Politiker – ist jedoch primär nicht zuständig für den Bereich der »Werte«, die sich im vorstaatlichen Raum bilden. Der Staat hat sie höchstens zu schützen.

Jeder Jurist lernt, daß Gesetze nur nachvollzogene moralische Regeln aus dem vorstaatlichen Raum sind. Und da die Moral sich ständig mit der Gesellschaft ändert, werden Gesetze im nachhinein angepaßt – oder aber abgeschafft.

Noch in den sechziger Jahren war Homosexualität gesellschaftlich und sogar strafrechtlich geächtet, doch mit wachsender Toleranz und zunehmender Aufklärung wuchs der Druck der Homosexuellen und derjenigen, die sich für die Rechte von Minderheiten einsetzten, das gesellschaftliche Tabu zu durchbrechen und die Gesetze zu verändern. Die Homosexualität ist nur ein Beispiel von vielen. Die Abschaffung des Paragraphen 175 Strafgesetzbuch, der die Homosexualität betraf, aber auch die Veränderung der Strafbarkeit von Abtreibungen in Paragraph 218 Strafgesetzbuch gehen zurück auf einen Wertewandel im vorstaatlichen Bereich. Nach der Veränderung der Vorstellungen und Lebenspraxis wuchs der Druck auf die Politik, nun die gesellschaftliche Veränderung staatlich nachzuvollziehen.

Die Gesetze allein reichen nicht aus, um das Zusammenleben in einer Gesellschaft zu regeln. Dazu bedarf es, wie gesagt, im vorstaatlichen Raum der »Werte«; denn mit seinen Gesetzen regelt der Staat den Umgang der Menschen miteinander weitgehend nur in den Bereichen, wo es um Nutzen oder Schaden geht, also rein materialistisch. Die juristischen Normen sind mit Sanktionen versehene Regeln für das Zusammenleben. Sie messen sich nur an der Zweckmäßigkeit.

Nun könnte man annehmen, daß der Wegfall des Wettkampfes der Ideologien eine Chance zu mehr Freiheit im politischen Leben sei, wo nun jedes Einzelteil, das sich in dem Getümmel des »Multikulturellen« entfaltet hat, friedlich neben allen anderen existieren kann.

Hier stehen sich zwei Theorien gegenüber: Die »Kultur der Kohärenz« will den Zerfall der westlichen Demokratien durch den Wertekonsens aufhalten. Die »Kultur des Konflikts« will keine durch den Wertekonsens ausgelöste Pflicht zur Gemeinsamkeit, vielmehr sollen kulturell unterschiedliche, nebeneinander existierende Gruppen durch Auseinandersetzung zu gemeinsamen Formen kommen.[9] In beiden Theorien liegt ein richtiger Kern.

42

Werte sollen das konfliktfreie Zusammenleben in der Gesellschaft zwar ermöglichen, aber Konflikte sollen dadurch keinesfalls ausgeschaltet werden. Im Gegenteil: Das Austragen der Konflikte auf zivile Art muß ein Teil des Wertesystems sein, sonst erleben wir, daß Probleme, wie in Rostock, Mölln oder Solingen, mit Gewalt ausgefochten werden, ohne aber zu einer Lösung zu führen.

Die demokratische Gesellschaft braucht eine kollektive Identität, die sie in Werten findet, um Konflikte austragen zu können und um das Nebeneinander von Bürgern unterschiedlicher Religion, ethischer Herkunft oder nationaler Traditionen zu ertragen. Alle müssen dann das Wertesystem mittragen.

Werte sind die Grundlage einer Gemeinschaft, die sich durch moralische Regeln zu einer Gesellschaft formiert. Diese Gesellschaft gibt sich einen Staat, dessen Institutionen sie bestimmt und deren Schaltstellen sie durch Wahlen mit Politikern besetzt. Und bei diesen Wahlen bestimmen die Bürger, wie die Politiker beschaffen sein sollen, die sie an der Macht sehen wollen.

»Solange sich mehrere Menschen vereint als eine einzige Körperschaft betrachten, haben sie nur einen einzigen Willen, der sich auf die gemeinsame Erhaltung und auf das allgemeine Wohlergehen bezieht. In diesem Zustand sind alle Triebkräfte des Staates gesund und einfach, seine Grundsätze klar und einleuchtend, es gibt keine verwickelten, widersprüchlichen Interessen, das Gemeinwohl ist immer offenbar, und man braucht nur gesunden Menschenverstand, um es wahrzunehmen. Friede, Einheit und Gleichheit sind Feinde politischer Spitzfindigkeiten«, schreibt Jean-Jacques Rousseau in seinem »Gesellschaftsvertrag«.[10]

Damit schildert der französische Staatsphilosoph nichts Geringeres als den paradiesischen Zustand einer Gesellschaft, von dem westliche Industrienationen nur träumen können. Denn dort hat sich das gesellschaftliche Band gelockert; der Staat ist schwach geworden, da er Sonderinteressen nachgibt, statt der Gemeinschaft zu folgen. So ist das Interesse der Bürger erlahmt, es gibt keine auf Gemeinwohl ausgerichtete Einstimmigkeit mehr, und der Gemeinwille ist nicht mehr der Wille aller. Daraus sind Widersprüche und Konflikte entstanden, die immer häufiger mit Gewalt in all ihren Erscheinungsformen gelöst werden. Und die moralische Unsicherheit finden wir in fast allen Bereichen. Gewiß fehlen Werte als Maßstab für das Wollen und Handeln in der Politik, in der Wirtschaft, in den Medien, besonders aber in der Erziehung.

Wenn die Gewalt so auffällig wird, wie sie von Jugendlichen in Deutschland ausgeht, dann läßt der Staat ihre Ursachen untersuchen. Im Mai 1993 legte das Erfurter Justizministerium eine Studie der juristi-

schen Fakultät der Friedrich-Schiller-Universität vor,
aus der hervorgeht, daß nicht rechts- oder links-
radikale politische Inhalte das Motiv für die Gewalt
von Jugendlichen sind, sondern »Langeweile, Frust,
Haß und Spaß«, wie Professor Günter Kräupl bei der
Vorstellung des Berichts zusammenfaßte. Gewalt
üben die Jugendlichen aus, weil in ihrem Leben die
Konflikte zunehmen und gleichzeitig soziale Beziehungen brechen. Wird beides über einen längeren
Zeitraum nicht bewältigt, dann empfinden sie es als
soziale Zurücksetzung und leiden unter dem Verfall
ihrer eigenen Identität, heißt es in dieser Studie. Das
bedeutet: Ihnen fehlen Wertmaßstäbe, die sie befä-
higen würden, richtig zu handeln und in der Gesellschaft ihren Platz zu finden.

Nun ist es einfach, das Verhalten dieser jugend-
lichen Gewalttäter zu verurteilen und zu sagen: Wer
Gewalt ausübt, verstößt gegen die Werte, die
Grundregeln einer Gesellschaft. So dachte auch der
Philosoph Karl Popper, der davon ausging, daß eine
»offene Gesellschaft« ohne Gewalt auskomme.
Doch selbst dieser große Denker wurde von der
»Sinnkrise« eingeholt und mußte umdenken. Jetzt
sagt er in einem Appell an Europa, eine moralische
Gesellschaft dürfe auf Gewalt nicht verzichten![11]
Natürlich meint Popper eine andere Gewalt. Er
möchte, daß Gewalt eingesetzt wird, um noch grö-
ßeres Unrecht zu beenden. Die Welt ist so eng, die
Kommunikation so schnell, die Möglichkeiten sind
so groß geworden, daß die Gewalt aus anderen

Kulturen und Zivilisationen, aus anderen Ländern in die der westlichen Demokratien getragen wird.

In Frankreich lassen iranische Fanatiker Bomben auf Straßen, in Geschäften und in der Untergrundbahn explodieren, wobei Dutzende von Menschen umkommen oder verstümmelt werden; in Deutschland erschießen gedungene Mörder Kurden; in den USA versuchen islamische Fundamentalisten das World Trade Center in die Luft zu blasen. Knapp ein Dutzend Personen wurden bisher ermordet oder verletzt, weil sie als Übersetzer oder Verleger mit Salman Rushdies »Satanischen Versen« zu tun hatten. Der Gewalt des Terrors begegnen die betroffenen Staaten mit Gesetzen, mit Sicherheitskräften und der Justiz, also mit staatlicher Gewalt. Doch die meint Karl Popper nicht: Er meint militärische Gewalt im Fall des Bürgerkriegs in Bosnien.

Und hier zeigt sich plötzlich, wie schwer es den betroffenen westlichen Gesellschaften fällt, eine auf Werten basierende Linie des Handelns zu finden. Aus Hitler habe man lernen müssen, meint Popper; und um ein ähnliches Unheil zu verhindern, gelte es, Gewalt auszuüben. Gewalt in Bosnien fordert in Deutschland inzwischen manch ein Moralist, der die Gewalt im Golfkrieg noch verurteilte, der aber gleichzeitig den Einsatz der Bundeswehr verneint.

Das aus dieser Unsicherheit herrührende »moralistische«, nicht moralische Verhalten kritisiert Al-

46

fred Grosser, der den Deutschen gern den Spiegel vorhält.[12] Da fordern, so sagt er, Deutsche lauthals den Frieden, preschen bei der Anerkennung von Kroatien und Serbien vor, wollen aber – mit der Begründung der eigenen »schrecklichen« Geschichte – keine Mitverantwortung tragen, während die Franzosen über sechstausend Blauhelme in Bosnien stationiert und einige von ihnen sogar ihr Leben gelassen haben. So weicht die Außenpolitik in Deutschland vor einem (nach Popper) »verantwortungsvollen« Handeln zurück. Aber gerade die deutsche »schreckliche« Geschichte, so Popper, verlange entschlossenes Eingreifen, »um dem jahrelangen Massenmord von unschuldigen Kindern, Frauen und Männern im früheren Jugoslawien endlich ein Ende zu setzen. Die jahrelange Duldung dieser Mord- und Schandtaten hat zu einer wahnwitzigen Zunahme der Verbrechen geführt. Wir müssen eingreifen, und zwar sofort.«

Nicht die Einsicht der betroffenen Außenpolitiker führte schließlich zu einem militärischen Druck gegen die Serben in Bosnien, sondern ein moralischer Aufschrei, der nicht durch eine Erkenntnis ausgelöst wurde, sondern durch Fernsehbilder mit brutalen Szenen: Es war das Entsetzen über die Toten und Verletzten auf dem Markt von Sarajevo, die von einer Granate zerfetzt worden waren. Wer die Granate abschoß, ob Serben oder Bosnier, das ist nie geklärt worden. Aber weil die Bilder für die Zuschauer nicht zu ertragen waren, deshalb handelten die Politiker – aus Angst vor ihren Wählern. Sie handelten nicht aus der Überzeugung, die ihnen ein moralischer Maßstab vorgegeben hätte (siehe dazu auch S. 180 ff.).

Das könnte anders sein, doch da »allgemeingültige geistige Maßstäbe für das Handeln fehlen, ist die Anhäufung und Ausübung von Macht willkürlich geworden, nur von Egoismus und Eigennutz motiviert und von einer eigenen inneren Logik gesteuert. Somit wird die vermeintlich fruchtbare Befreiung des Menschen zu einer gefährlichen Unterwerfung unter historische Kräfte«,[13] urteilt Zbigniew Brzezinski, der unter Präsident Jimmy Carter Sicherheitsberater im Weißen Haus war.

Menschenwürde als Prinzip

Der Werteverlust, der Wertewandel, die Wertorientierung, die Wertekrise; solche Schlagworte prasseln seit einiger Zeit auf uns nieder. »Eine ganze Nation rutscht gerade auf dem Bauch herum und schaut unters Sofa, ob ihre Werte darunter gekullert sind. Dabei liegen sie auf der Straße, die Werte, das heißt, sie fahren, wenn sie nicht gerade stehen; wir reden natürlich von den Autos«, so macht sich Herbert Riehl-Heyse[14] über den Mißbrauch des ethischen Wertebegriffs lustig. Er zitiert dabei aus der Kundenzeitschrift von Mercedes-Benz, wo Vorstandsmitglied Jürgen Hubbert auf Hochglanz ein Editorial zur Werte-Frage unter dem Titel »Ein ganz neues Wert-Gefühl« veröffentlichte. »Wie darin ausgeführt wird, ist die neue C-Klasse nach der ›Grundphilosophie‹ ›wertvoller, aber nicht teurer‹ ersonnen worden, was besonders ›erfahr- und erlebbar‹ werde, weil ›auf der Werteseite ein spürbarer Zugewinn beim Innen- und Kofferraum steht‹. Das war jetzt natürlich polemisch«, fügt Riehl-Heyse hinzu.

Aber nein! möchte man ihm widersprechen. Das ist doch nur ein mildes Beispiel! Versucht die Werbewirtschaft nicht, den Verlust der gesellschaftlichen Werte wettzumachen durch das Anpreisen von

Sach-Werten? Stand nicht in dem Magazin einer Autoverleihfirma über den Fahrbericht mit einem Ford sogar: »Innere Werte«? Eine Werte-Inflation ist plötzlich über uns hereingebrochen. Schließlich war letzthin sogar auf der Sportseite der »Frankfurter Allgemeinen Zeitung« vom »Wertewandel im Sport« zu lesen, während sich im Feuilleton dieser Zeitung regelmäßig Philosophen, Soziologen und Historiker die Feder reichen, um kompetent über die ethischen Werte zu reflektieren.

Nun ist es ja nicht falsch, wenn die Wirtschaft das Wort »Wert« im materiellen Sinn verwendet, denn das ist seine ursprüngliche Bedeutung. Der Tauschwert eines Objekts war schon meßbar, bevor es Geld gab. Wert bedeutet also zunächst einmal einen Gegenwert für eine Sache. »Das ist es mir schon wert« heißt: Der Zweck eines Handelns wird begründet, indem man an einen Gegenwert denkt. Das Auto, das Kleid sind ihr Geld wert. Neben der materiellen Bezeichnung bestehen andere »Werte« – wie etwa der ästhetische. Er wird in der Konsumgesellschaft immer wichtiger genommen. Kunst basiert teilweise nur auf ästhetischen Werten, die hauptsächlich für das Betrachten da sind und nicht unbedingt in Geld allein aufgewogen werden, denn auch ein Lustgewinn ist ein Gegenwert. Selbst das kann zum Konsum führen – weshalb Illustrierte mehr Auflage machen, wenn sie die ästhetischen Körpermaße und Gesichtszüge eines berühmten Models auf ihrem Titelblatt abbilden.

In jeder Wissenschaft bedeutet »Wert« etwas anderes: Für Mathematiker ist es eine abstrakte Rechengröße ohne Dimension, für Physiker eine konkrete Meßgröße mit Dimension; in der Chemie gilt Wertigkeit als Fähigkeit der Atome eines Elementes, eine Anzahl von Atomen anderer Elemente zu binden; in der Psychologie ist der Wert ein handlungsleitendes Motiv.[15]

Häufig wird im täglichen Leben auch der Satz verwendet: »Ich tue das, weil mein Freund, meine Mutter, mein Mann mir das wert sind.« Das klingt sittlich, mag vorschnell als »ethisches« Verhalten bezeichnet werden, ist es jedoch noch nicht. Denn der Beweggrund des Handelns ist privat. Erst wenn unser Handeln nicht einer Laune entspricht, kann es ethisch sein. Nach dem Motto: Ich tue es, weil es getan werden muß.

Eine ethische Forderung steckt dagegen in dem Satz des amerikanischen Präsidenten Thomas Jefferson, der im allgemeinen John F. Kennedy zugeschrieben wird, weil er ihn beim Antritt seiner Präsidentschaft seinem Volk vorhielt: »Frag nicht, was dein Land für dich tun kann, frag, was du für dein Land tun kannst.« Als im Juni 1992 in Gesamtdeutschland die Frage gestellt wurde, ob der Befragte sich mit diesem Sinnspruch identifiziere, sagten nur 21 Prozent, die Aufforderung Kennedys entspreche ihrer Auffassung, 45 Prozent lehnten diese Idee ab, während 34 Prozent keine Meinung hatten.[16]

In der Ethik wird »Wert« nicht in materieller Bedeutung, sondern in einem übertragenen Sinn verwendet. »Dabei verändert sich der Begriff, denn er bezieht sich nicht mehr auf Sachen, sondern auf den Menschen selbst.«[17] Während ich beim Tauschgeschäft fragen kann: »Was ist es mir wert?«, ist solch eine Frage beim ethischen Wert nicht vorstellbar. Denn der Mensch, auf den sich der Wert bezieht, ist keine meßbare Größe.

»Wert im ethischen Sinn ist eine Gestalt, in der sich die Würde des Menschen selbst ausdrückt«, definiert der Tübinger Ethiker Dietmar Mieth diesen Begriff. »Sonst könnte sich der Mensch nicht an Werten orientieren.«[18] Betrachtet man das Leben des Menschen, die Freiheit, die sozialen Beziehungen, die Solidarität, die Verantwortung für die Zukunft als Wert, dann verläßt man den Bereich, in dem man etwas berechnen oder materiell messen kann, denn hier gilt die Idee des gelungenen Lebens.

Nun haben Philosophen verschiedener Kulturkreise seit Jahrhunderten darüber gestritten, ob Werte eine subjektive oder eine objektive Grundlage haben. Doch das soll uns hier gleichgültig sein.[19] Gehen wir davon aus, daß in den Werten die Idee des Guten, Rechten, Anzustrebenden[20] liegt. Und diese Werte treten unseren individuellen Trieben und Gelüsten mit einer gewissen Autorität gegenüber. Sie erheben den Anspruch, als verbindlich anerkannt zu werden: Ohne solche Werte kann eine Gemeinschaft nicht existieren, denn sie legen die Richtlinien für das Verhalten des einzelnen in der Gesellschaft fest; sie sind mehr als Gesetze. Werte bestimmen die Moral, indem sie menschliches Handeln individueller Willkürlichkeit entziehen.

Es reicht nicht zu sagen, in den Werten stecke die Idee des Guten, ohne zu definieren, was das Gute ist, wie es die Werte durchdringt und wie diese Werte in einer Gemeinschaft das Verhalten bestimmen können. Da stellt sich uns wieder die leidige Frage der Philosophen, ob das Gute nun universell absolut sei oder nur relativ. Anders ausgedrückt, ob es nur heißt: Das ist überall auf der Welt gut – es wird nur um seiner selbst willen gewollt. Punktum! Oder ob es heißen kann: Das ist gut für etwas.

Wie dem auch sei, wir wollen hier annehmen, daß das Gute nur ein Ergebnis der Erkenntnis sein kann. Da die Erkenntnis in den verschiedenen Zivilisationen jeweils anderen kulturellen und gedanklichen Bahnen folgt, da mit den Zeiten wachsender Aufklärung auch die Möglichkeiten des Wissens größer werden, verändert sich die Ansicht von dem, was gut oder was böse ist. Die Todesstrafe für Gotteslästerer halten wir heute für barbarisch, doch für Aristoteles, den Vater der ethischen Philosophie, soll sie nur ein Teil der Tradition gewesen sein – wie übrigens auch die Sklaverei. Mit jeder Generation verändern sich die Werte.

Die einzige universelle Grundlage für das Gute kann nur in der Würde des Menschen liegen. Damit die Menschen miteinander gut in der Gemeinschaft auskommen, haben die verschiedenen Gesellschaften sich sittliche Gebote oder Verbote gegeben, die für jedes Vernunftwesen »objektiv, notwendig und allgemein gültig«[21] sind. Und wie universell diese Gedanken sind, sehen wir darin, daß sie an extrem auseinanderliegenden Orten der Welt gleichzeitig gedacht wurden und unabhängiges Ergebnis der Vernunft sind, zu Zeiten, als das alte Griechenland und Asien voneinander noch nichts wußten.

Jeder wird der Behauptung zustimmen, daß in der chinesischen Gesellschaft manch andere Werte gültig sind als in denen des Westens, dennoch beruht die Ethik auch dort auf einem universellen Moralansatz, der in der Menschenwürde gründet. Konfuzius (551–479 v. Chr.) bezeichnete dies als die göttliche Komponente des Menschen: »Der Himmel hat die Tugend geschaffen, die in mir ist.« Menzius (371–289 v. Chr.) vertiefte dessen Gedanken: Der »integre Mensch« könne vor dem Himmel und der Menschheit bestehen, ohne sich schämen zu müssen. Und wenig später erklärte Hsün-tzu die Würde des einzelnen aus der unmittelbaren Beziehung zwischen Himmel, Erde und Mensch: »Himmel und Erde bringen den integren Menschen hervor, und der integre Mensch ordnet Himmel und Erde.«[22] Allerdings sind die auf der universellen Grundlage aufbauenden Normen und Werte unterschiedlich, denn sie sind der Ausdruck der historischen, kulturellen und politischen Traditionen der jeweiligen Gesellschaft.

Gerade in den heutigen Zeiten, in denen sich medizinisch und wissenschaftlich so viel wandelt, hat ein Wert wie die Menschenwürde Hochkonjunktur. Die Menschenwürde als Motto stellte der ehemalige Bundespräsident Richard von Weizsäkker im November 1992 einer großen Demonstration in Berlin voran, bei der er die Deutschen aufforderte, sich gegen die ausländerfeindlichen Gewalttaten in Deutschland zu bekennen. Und er berief sich dabei auf den ersten Satz im deutschen Grundgesetz, der da lautet: »Die Würde des Menschen ist unantastbar.«

Die Menschenwürde war der Kernsatz, der im Winter 1992/93 Hunderttausende in vielen deutschen Städten und Dörfern veranlaßte, Lichterketten zu bilden. Die Menschenwürde wird ins Feld geführt, wenn es um das Selbstbestimmungsrecht der Frau bei der Abtreibung geht oder um das Lebensrecht des Embryos. Menschenwürde ist auch das Stichwort bei der Diskussion um das humane Sterben, und mit der Menschenwürde wird dagegen argumentiert, wenn eine hirntote Schwangere künstlich am Leben gehalten wird, damit ihr Embryo auswachsen kann.

Woraus die Würde des Menschen als ethischer Grundwert resultiert, dafür gibt es mehrere Ansätze, sei es die Mitgifttheorie, wonach die Natur (oder Gott) dem menschlichen Individuum als besondere Qualität die Würde mitgibt, sei es die Leistungstheorie, die Immanuel Kant vertritt, wonach der Mensch deswegen Würde besitzt, weil er kraft seiner Vernunft Einsicht in sittliche Notwendigkeiten hat. »Danach gewinnt der Mensch Würde aus eigenem selbstbestimmten Verhalten durch gelungene Identitätsbildung.«[23] Im Ergebnis besteht jedoch kein wesentlicher Unterschied zwischen beiden Denkarten.

Die Würde des Menschen ist der Grundwert, auf dem die Bundesrepublik Deutschland aufgebaut ist, weshalb Artikel 1 Satz 1 des Grundgesetzes heißt: »Die Würde des Menschen ist unantastbar.« Und dort steht er ganz bewußt nach den Erfahrungen des Dritten Reiches, wo die größten Greueltaten in der deutschen Geschichte von Staats wegen vollzogen wurden. Geschützt ist mit Artikel 1 jeder in Deutschland lebende Mensch, nicht nur derjenige mit deutscher Staatsangehörigkeit.

Aus der Würde des Menschen leitet sich vieles ab: nicht nur die wechselseitige Achtung des Lebens, der Unverletzlichkeit und der Freiheit. In der Würde steckt auch die individuelle Identität. Allerdings betrifft die gesetzliche Regelung nur das Verhältnis des Bürgers zum Staat. Im vorstaatlichen Raum regelt die sittliche Norm den Respekt vor der Würde des Menschen, oder sollte es zumindest tun.

So diskutieren wir in der »Tagesthemen«-Redaktion bei der Entscheidung, welche Szenen wir in den

56

Nachrichten senden, über die Würde des Menschen, die ihm über seinen Tod hinaus zusteht und geschützt werden muß. Welche Bilder eines Massakers kann man noch zeigen? Der Tote, der gefilmt worden ist, hat eine Würde, die von einem sensationsheischenden, über den Nachrichtenwert hinausgehenden Abbild verletzt wird. Aber auch die Würde des Zuschauers kann durch ein zu brutales, rein voyeuristisches Bild verletzt werden. Und manch eine Szene ist deshalb nicht gesendet worden.

Mit dem Schutz dieses Wertes argumentiert selbst der Chef des Anatomischen Instituts der Universität Innsbruck, der die wissenschaftliche Neugier an der fünftausend Jahre alten Leiche aus den Ötztaler Alpen hinter die Rechte des Menschen zurücksetzte: »Der Tote aus dem Eis ist eine Sensation, aber es handelt sich immer noch um die Leiche eines Menschen, die ein Anrecht auf Würde hat.«

Obwohl die verschiedenen Gesellschaften sich nach ihren eigenen Werten einrichten, befolgen fast alle jenen Grundsatz, der die Goldene Regel genannt wird. Diese Regel wird sowohl positiv wie negativ formuliert: »Was du nicht willst, das man dir tu', das füg' auch keinem andern zu.« Und: »Behandle andere so, wie du auch von ihnen behandelt sein willst.« Die Goldene Regel ist eine volkstümliche Maxime für sittlich richtiges Verhalten, und sie kommt sowohl bei Konfuzius vor als auch bei den Sieben Weisen (Thales), im indischen Nationalepos »Mahabharata« wie im Alten (Tobias 4,16) und im Neuen Testament (Matthäus 7,12).[24]

Weil sie einleuchtend ist und auch von Kindern verstanden werden kann, wird die Goldene Regel häufig in der Erziehung benutzt. Doch bei genauem Hinsehen erweist sie sich als sehr unpräzise. Ein abstruses Beispiel wird gern als Beweis für ihre Unzulänglichkeit angeführt: Wenn der Masochist andere so behandelt, wie er behandelt sein will, dann müßte er seine Mitmenschen quälen.

Genauer ist Immanuel Kants kategorischer Imperativ, den wir in der Schule gelernt und den viele schon wieder vergessen haben. In seiner ersten Formel heißt er: »Handle nur nach derjenigen Maxime, durch die du zugleich wollen kannst, daß sie ein allgemeines Gesetz werde.« Nun ist der Mensch schwach und folgt häufiger seinen Gefühlen und Affekten, statt so zu handeln, daß daraus ein allgemeines Gesetz werden könnte. Doch auch daran hat Kant gedacht: »Wenn wir nun auf uns selbst bei jeder Übertretung einer Pflicht Acht haben, so finden wir, daß wir wirklich nicht wollen, es solle unsere Maxime ein allgemeines Gesetz werden, das ist uns unmöglich, sondern das Gegenteil derselben soll vielmehr allgemein ein Gesetz bleiben; nur nehmen wir uns die Freiheit, für uns (oder auch nur für diesmal) zum Vorteil unserer Neigung davon eine Ausnahme zu machen.«[25]

»Gut« definiert Kant als eine Frucht der Vernunft: Praktisch gut ist, was objektiv, aus Gründen, die für jeden vernünftigen Menschen gültig sind, den Willen bestimmt.[26]

In der Philosophie klingt das überzeugend, doch in der gesellschaftlichen Praxis stellen sich sofort zahlreiche Fragen. Ist der Mensch tatsächlich ein von der Vernunft geleitetes Wesen? Wenn ja, kommen alle, wenn sie Vernunft anwenden, zu den gleichen Ergebnissen? Die Wirklichkeit sagt nein. Aber in dem Glauben an die Absolutheit der Vernunft des Menschen lag die Hoffnung, eine Utopie wie den Sozialismus verwirklichen zu können. Des einen Menschen Vernunft ist so schwach ausgebildet, wie des anderen Menschen Wille schwach ist, was bei beiden zu moralischem Versagen führt. Die Vernunft eines jeden wird auch durch seine unterschiedliche Herkunft, vom Land oder aus der Stadt, durch seinen Beruf, seine jeweils andere Erziehung – religiös oder laizistisch – und durch seine soziale Lage beeinflußt. Wenn nun jeder Mensch mit der Befähigung zur Vernunft geboren wird, woraus sich seine Würde ableitet, so ergibt sich daraus auch seine Fähigkeit zur Pflicht.

Doch genausowenig wie der Mensch mit einer *ausgebildeten* Vernunft auf die Welt kommt, steckt in ihm schon bei der Geburt der Kern einer Moral. Durch die Vernunft ist er zur Moral fähig, mehr nicht. Die Gesellschaft, in der er aufwächst, wird ihn mit den Werten und Tugenden vertraut machen, die sein Streben und Handeln so beeinflussen sollen, damit er ein Mensch wird, wie ihn die Gesellschaft haben will.

Die Vernunft steht aber im Widerspruch zu dem Element, das über Jahrtausende die Moral prägte, dessen Moralvorstellungen aus der Gemeinschaft kamen und heute noch darin weitergetragen werden: Es geht um die Religion. Spätestens mit der Aufklärung entstand für das Abendland der Widerspruch zwischen Vernunft und Glauben.[27] Je mehr die Vernunft sich durchsetzte, desto stärker wandten sich die Menschen von jenseitsorientierten Religionen ab, verloren Gottesfurcht und Angst vor Strafen.[28] Die erste Angst, die Kindern einst eingebleut wurde, war die vor der verbotenen Frucht. Es war das Verbot vor der Vernunft, vor Erkenntnis!

Nicht nur der Kirchenbesuch, ja die Zugehörigkeit zu einer Kirche (und damit verbunden die Kirchensteuer!) sind laut Statistik dramatisch gesunken, sondern auch der Glaube an religiöse Autoritäten. Sogar der Glaube an die Zehn Gebote – und ihre Kenntnis – haben im Zeichen des Wertewandels (fast erschreckend) abgenommen. »Natürlich spielt Gott noch eine bedeutende Rolle in der Moral«, schreibt Émile Durkheim: »Er verschafft ihr Respekt, und er unterdrückt die Verletzung. Moralverletzungen sind Gottverletzungen. Aber er ist nicht mehr ihr Wächter. Moraldisziplin ist nicht mehr *für ihn* eingesetzt, sondern *für den Menschen.*«[29]

Die beiden großen christlichen Kirchen reagieren auf die Folgen, die der Werteverlust für sie hat, hektisch und unüberlegt. Rom zieht sich in den Fundamentalismus zurück, und so schrumpft in den westlichen Ländern die katholische Gemeinde weiter. Die Protestanten versuchen, das *Gute* naiv, nämlich populistisch, vor sich herzutragen. Doch in den letzten Jahren kamen die evangelischen Gemeinden in große Konflikte: weiße Bettücher für den Frieden im Golfkrieg, Schweigen im Gemetzel des zerbrechenden Jugoslawien, Kirchenasyl für Ausländer, aber Zurückhaltung bei der Aufnahme ausländischer Kinder in Kirchenkindergärten – weil sonst die »deutsche« Gemeinde rebelliert!

Die Werte, die sich aus der Würde des Menschen ergeben, finden wir in den drei Begriffen wieder, die als Motto über der Französischen Revolution standen: *Freiheit, Gleichheit, Brüderlichkeit*. In *Freiheit* befinden sich Unterbegriffe wie Sicherheit, Verantwortung, Toleranz, vielleicht auch Bescheidenheit oder Besonnenheit. *Gleichheit* hat mit Gerechtigkeit zu tun, während *Brüderlichkeit* das bedeutet, was vormals Barmherzigkeit war und heute als Solidarität bezeichnet wird. Dies, so meine ich, sind die Grundwerte, auf die sich jeder verpflichten muß; allerdings wird es immer Konflikte um die Auslegung dieser Termini geben.

Solchen Konflikten darf die Gesellschaft jedoch nicht ausweichen. Sie sind weder gefährlich noch zerstörerisch, wie erzkonservativ Denkende meinen, sondern sie entsprechen einer modernen Demokratie. Und wenn sie sinnvoll geführt werden – was leider nicht immer der Fall ist –, dann bringen gerade diese gesellschaftlichen Konflikte von selbst die Bindungen hervor, durch die der Bürger die Grundwerte als notwendigen Zusammenhalt seiner Gesellschaft akzeptiert.

Der Wertekanon einer modernen Gesellschaft ist sehr viel länger als hier angeführt. Und je nachdem, ob man katholisch, protestantisch, jüdisch, sunnitisch oder agnostisch ist, ob man sich als Vegetarier, Asket oder Gourmet verwirklicht, ob man Bayer oder Berliner, Türke oder Japaner ist oder als Seemann, Bauer oder Bankier auf dem Meer, dem Land oder in der Stadt arbeitet oder gar als Privatier oder Aussteiger das Leben genießt, so richtet sich jeder nach den Wertvorstellungen ein, die ihm wichtig sind. Aber, könnte man da nicht sagen, es hält sich eben jeder an seine *eigenen* Werte? Ja. Und damit stellt sich die Frage, ob es nicht subjektive Werte sind, die, weil sie nur der individuellen Befriedigung dienen, aus dem ethischen Rahmen herausfallen.

❖

Zwei nah beieinanderliegende Begriffe werden in der öffentlichen Diskussion immer wieder verwendet, doch sie führen, wenn sie nicht sorgfältig auseinandergehalten werden, zu weiterer Verwirrung: Werteverlust und Wertewandel. Unter Werteverlust verstehen wir, daß der Einfluß der Werte abnimmt. Mit Wertewandel ist eine Verschiebung der Inhalte von Werten gemeint: Alte Werte gehen verloren, neue treten an ihre Stelle.

Den Wertewandel hat in der Wissenschaft der Sozialforscher Ronald Inglehart mit einer in den siebziger Jahren durchgeführten Untersuchung zum ersten Mal weitläufig beschrieben. Ihm schlossen sich auch in Deutschland zahlreiche Untersuchungen und Berichte an.[30] Der Wertewandel, den Ronald Inglehart ausmachte, fand Ende der sechziger bis Mitte der siebziger Jahre statt und war dann abgeschlossen. Die These Ingleharts lautet: Ein grundsätzlicher Wandel von Werten habe stattgefunden, weil die junge Bevölkerung Werte wie »berufliche Leistung«, »Pflichtgefühl«, »Konventionalität«, »Konformismus« gegen neue, emanzipatorische, partizipatorische und hedonistische Werte ausgetauscht oder in ihrer Geltung eingeschränkt habe.

Ende der achtziger Jahre ist Ingleharts Ansatz durch andere Arbeiten relativiert worden: Bestätigt wird zwar ein Wertewandlungsschub in der Periode zwischen den sechziger Jahren und Mitte der siebziger Jahre, dennoch werden die Folgerungen Ingleharts relativiert und um das Ergebnis erweitert, daß »ein unverändert hoher Konsens über die Bedeutsamkeit der ›Grundwerte‹ Freiheit, Gerechtigkeit, Gleichheit, Frieden und Sicherung der physischen Existenz« besteht. Allerdings ist diese Erkenntnis nur mit großen Einschränkungen richtig. Ein hoher Konsens mag zwar vorhanden sein, doch heißt das noch lange nicht, daß sich die Gesellschaft auch nach diesem Konsens richtet.[31]

Erstarkt sind während der Periode des Wandels die Werte der Selbstbestimmung und Selbstverwirklichung, zurückgefallen jene, die das Verhalten des Menschen von außen beeinflussen: Pflicht, Askese, Fremdbestimmung. Auch die Arbeit hat in dieser Zeit ihre zentrale Bedeutung für das eigene Leben verloren. Jetzt ist bei der Berufsauswahl nicht mehr allein der materielle Erfolg ausschlaggebend – das heißt: so hoher Lohn wie möglich –, sondern »postmateriell« entscheidet der einzelne, ob er lieber ein bißchen weniger verdient, dafür aber Spaß an der Arbeit hat. Die zunehmende Freizeit, verbunden mit Wohlstand, der einem immer mehr Vergnügen erlaubt, die Verringerung des Einflusses von Staat und Kirche und schließlich das Ende des ideologischen Drucks haben privatistischen Lebensmaximen mehr Gewicht gegeben. Hinzugesellt haben sich – durch die fortschreitende Aufklärung – neue Werte: die Ökologie und die Verantwortung für die Auswirkungen menschlichen Handelns auf die Zukunft.[32]

Orientierungskrise
und Sinnsuche

Die Offenheit der Demokratie, die Marktwirtschaft, die Chance, durch Reisen oder durch die Medien fremde Kultur- und Wertvorstellungen kennenzulernen, führen zu einer Vielfalt von Möglichkeiten, ideelle Ziele zu verfolgen. Die Überfülle verunsichert aber den, der aus diesen reichhaltigen, sich in den einzelnen Werten sogar widersprechenden Angeboten nicht zu wählen weiß, zumal das Korsett einer »guten« Ideologie als Gegner einer »bösen« Ideologie weggefallen ist.

Daraus resultiert die »Orientierungskrise« besonders der Jugendlichen. Sie hören von Selbstbestimmung, erfahren aber, daß es nur eine geringe Wahrscheinlichkeit gibt, auf dem Arbeitsmarkt »sich selbst zu verwirklichen«. Sie werden von materiellen Wertangeboten überschüttet, können die Werte-Hierarchie aber nicht interpretieren, da staatliche, gesellschaftliche oder kirchliche Wertvorgaben weithin fehlen. Und durch den Rückzug ins Private besitzen Werte »zunehmend nur noch Gültigkeit innerhalb sozialer Subsysteme«.[33]

Wenn wir hier jedoch vom Verlust der Werte in einer Gesellschaft sprechen, dann wollen wir uns auf die Grundwerte beschränken, die – wie gesagt –

ein jeder mit dem »Gesellschaftsvertrag« unterschrieben hat. Sie sind der Rahmen, der das Verhalten ausnahmslos aller Mitglieder der Gesellschaft bestimmen soll. Innerhalb dieses Rahmens kann sich dann eine jede oder ein jeder selbst verwirklichen, wie es ihr oder ihm genehm ist.

Wenn wir uns nun die Frage stellen, wie diese ethischen Werte in einer Gesellschaft wirken, so lautet die Antwort: Es gibt mehrere Elemente, die neben den ethischen Werten die Gesamtheit einer Moral ausmachen.

▶ Da ist erstens *die Pflicht*:
»Wir können sagen, daß die Moral ein System von Handlungsregeln ist, die das Verhalten bestimmen. Sie bestimmen, wie man sich in bestimmten Fällen verhalten muß: Gut handeln heißt gut gehorchen.«[34]

Gehorchen ist Grundvoraussetzung, denn die wesentliche Rolle der Moral besteht ja darin, das Verhalten objektiv festzulegen und der individuellen Willkürlichkeit zu entziehen. Wenn die Moral wirksam sein soll, dann muß sie Beständigkeit erzeugen. Deshalb sind ihre Werte etwas immer Gleichbleibendes, solange man nicht zu kurze Zeiträume ins Auge faßt. Handelt eine Person, so muß unabhängig von ihren Launen das moralische Ergebnis zu allen Zeiten gleich sein, allerdings nicht aus Gewohnheit.

In der Idee der Regelmäßigkeit steckt vielmehr auch der Begriff der Autorität. Sie ist jene moralische Macht, die wir als überlegen anerkennen; und wir handeln in ihrem Sinn, nicht etwa, weil dies unserer persönlichen Laune entspricht, sondern weil in der Autorität, mit der sie unser Handeln beeinflußt, ein Zwang steckt.

▶ Da ist zweitens *die Einsicht* in die Moral: Da die menschliche Vernunft die Quelle der Moral ist, muß der Handelnde auch die Gründe für sein Tun kennen. Und die durch Vernunft gewonnene Erkenntnis befähigt ihn zur Einsicht in gutes Handeln. Schon das Kind muß mit Hilfe der Erziehung Moralbewußtsein entwickeln.

»Dieses Bewußtsein vermittelt unserer Handlung jene Autonomie, die das öffentliche Bewußtsein von nun an von jedem wirklich und völlig moralischen Wesen verlangt . . . Das ist vielleicht die große Neuheit, die das Moralbewußtsein der heutigen Völker darstellt; nämlich, daß Intelligenz ein Element der Moralität geworden ist und es immer mehr wird . . . Moral lehren heißt nicht, sie predigen und eintrichtern: es heißt, sie erklären. Wenn man aber dem Kind jede Erklärung dieser Art verweigert und nicht versucht, ihm die Gründe der Regeln, denen es folgen soll, begreiflich zu machen, so heißt das, es zu einer unvollständigen und niedrigen Moralität zu verurteilen«, schrieb Anfang dieses Jahrhunderts der französische Soziologe und Pädagoge Émile Durkheim.[35]

► Schließlich ist da drittens *die Gemeinschaft*:
Eine Handlung ist nur dann moralisch, wenn sie ein
unpersönliches Ziel verfolgt. Moralisch sind also nur
jene Ziele, die eine Gemeinschaft zum Objekt haben, weswegen man von dem sagt, er handle moralisch, der mit seinem Streben auf ein Kollektiv-
interesse zielt.

Unter Gemeinschaft kann man jede menschliche
Gruppe verstehen, von der Familie über die Nachbarschaft, die Stadt, den Staat, die Menschheit. Doch
dabei kann es zu Konflikten in der Wertigkeit kommen: Manche moralischen Ziele können wichtiger
sein als andere, weshalb wir davon ausgehen, daß
das Hauptziel des moralischen Handelns die politische Gesellschaft ist. Damit aber eine solche Gesellschaft Ziel moralischen Handelns sein kann, muß sie
mehrere Voraussetzungen erfüllen.

Die erste, und sicherlich wichtigste, liegt in dem
»Gesellschaftsvertrag«, den die Individuen abschlie-
ßen. Bei Jean-Jacques Rousseau heißt es: »Wenn
man also beim Gesellschaftsvertrag von allem ab-
sieht, was nicht zu seinem Wesen gehört, wird man
finden, daß er sich auf folgendes beschränkt: *Gemeinsam stellen wir alle, jeder von uns seine Person und seine
ganze Kraft unter die oberste Richtschnur des Gemeinwillens;
und wir nehmen, als Körper, jedes Glied als untrennbaren
Teil des Ganzen auf.* Dieser Akt des Zusammen-
schlusses schafft augenblicklich anstelle der Einzel-
person jedes Vertragspartners eine sittliche Ge-
samtkörperschaft . . .«[36]

Und vielleicht liegt die Crux manch einer westlichen Gesellschaft darin, daß zu viele Vertragspartner sich nicht mehr an die Richtschnur des Gemeinwillens halten, weil ihnen die Einsicht fehlt. Und das kann damit zusammenhängen, daß sie ausgegrenzt werden. Diese Gründe sind dem Individuum nicht vorzuwerfen, machen seine Entscheidung, sich soweit wie möglich der Gesellschaft zu verweigern, jedoch verständlich. Wenn die Gesellschaft allerdings in eine einfache Ansammlung von Individuen zerfällt, verliert sie ihren moralischen Charakter. Denn da die Handlung eines Individuums lediglich in seinem Interesse ohne jede moralische Ausrichtung ist, kann auch die Summe der individuellen Interessen nicht mehr sein.

Der Mensch muß ein Interesse haben, den »Gesellschaftsvertrag« zu unterschreiben. Denn weshalb sollte er die Gesellschaft als Ziel seines Verhaltens annehmen, wenn sie über ihm schwebt, ohne daß ihn irgendein inhaltliches Band verbindet?

Nun zeigt die Untersuchung des Werteverlusts in den sechziger und siebziger Jahren, daß er eine Folge demokratischer Aufklärung ist. Durch das, was landläufig die 68er Jahre genannt wird – was, wie gesagt, eine Kulturrevolution war –, wurde die Autorität von Persönlichkeiten in Frage gestellt, die leere Begriffe repräsentierten. Immer noch stellt das Plakat mit der Aufschrift »Unter den Talaren der Muff von tausend Jahren« genau dar, worum es ging. Statt sich mit den kritischen Studenten, die das Transparent mit der ironischen Aufschrift trugen, auseinanderzusetzen, wurde ihnen von einem Professor gar mit dem KZ gedroht. Zugegeben, ein extremer Fall, aber er sagt aus, daß die Autorität Gehorsam und nicht Einsicht erwartete. Das zu akzeptieren aber waren die kritischen, sich aufklärenden jungen Menschen nicht mehr bereit. Und aus den von ihnen vorgetragenen und über die Medien verbreiteten Thesen zog auch die ältere Generation emanzipatorische Konsequenzen. Daraus ergaben sich ein Werteverlust und ein Wertewandel.

Erheblich zurückgegangen ist der Anteil an der deutschen Bevölkerung, bei dem »Pflicht- und Akzeptanzwerte«[37] vorherrschten. Diese sehr große Gruppe neigte zu positiven Einstellungen zum Staat und seinen Institutionen, zeigte »Staatszufriedenheit«, »Staatssympathie« und »Staats- und Parteienvertrauen«, stand dagegen Werten, die mit Selbstentfaltung zu tun haben, negativ gegenüber. Bei genauerem Hinsehen gehören diese Bürger zu den unpolitischen. Während der Staat für sie »vertrauenswürdig«, »ehrlich«, »verläßlich« und »fähig« wirkte, waren Begriffe wie »Zeitung lesen«, »Widerstand gegen Ämter«, »Kontakt mit Politikern«, »politische Diskussionen«, ja sogar »politisches Interesse« und erst recht »Teilnahme an Demonstrationen« negativ besetzt. Solch ein Staatsbezug ist gefährlich, da unkritisch. Allerdings kann eine plötzliche politische Enttäuschung der so treu dem Staat Ergebenen in Haß, Wut und »Verdrossenheit« umschlagen.

Statistisch wurde die Entwicklung so gemessen: Die Frage, auf welche Eigenschaften sollte die Erziehung der Kinder vor allem hinzielen, wurde folgendermaßen beantwortetet:[38]

	1964 %	1976 %	1992 %
Selbständigkeit und freier Wille	31	51	62
Ordnungsliebe und Fleiß	45	41	38
Gehorsam und Unterordnung	25	10	8

Zwischen dem Absinken der Pflichtwerte und dem Ansteigen der Selbstentfaltung besteht allerdings keine hundertprozentige Deckung, es findet kein Austausch wie bei einer kommunizierenden Röhre statt. Oder in modischem Slang gesagt: Es ist kein Nullsummenspiel.

Zahlreiche Untersuchungen zeigen, daß die Hinwendung zur Selbstentfaltung mit einer Privatisierung des Lebens einhergeht. Dennoch sind die Mitglieder dieser Gruppe politisch, kritisch, besser informiert, bereit zu Aktionen, allerdings weniger in etablierten Formen, und wenn sie in den traditionellen Parteien mitarbeiten, dann gehören sie dort zum linken Flügel.

Theoretisch ist die Individualisierung in unserem Grundgesetz vorgesehen, das jedem Bürger ein Recht auf Entfaltung der eigenen Persönlichkeit gibt, während dort keine Pflicht zur Gemeinschaft besteht. Grundsätzlich ist die Individualisierung nichts Negatives. Sie ermöglicht jedem einzelnen, sein Leben so einzurichten, wie es ihm behagt, was einer modernen Demokratie entspricht.

Bei der Diskussion um die Zukunft der Bundeswehr im Frühjahr 1994 meinte die F.D.P., eine »Spreizung der Wehrdienstdauer zwischen neun und zwölf Monaten« sei denkbar, damit der einzelne Soldat die Wahlmöglichkeit hätte, »seine Dienstzeit je nach persönlicher Lebensplanung zu verlängern«. Nicht der Dienst für die Gesellschaft steht an erster Stelle, sondern die Möglichkeit zur Selbstentfaltung.

Dem Grundgesetz folgend, bevorzugen Politik und Justiz in der Bundesrepublik das Individuum vor der Gesellschaft. Das geht sogar so (zu) weit, daß Volljährige bei nicht vorhandenem eigenem Einkommen gegen ihre Eltern auf Unterhalt klagen können – und Recht erhalten, damit sie sich aus der Familiengemeinschaft zurückziehen können, um ihre »Individualität« zu entfalten. Ja, die Gerichte verurteilten Eltern sogar zur Finanzierung eines Zweitstudiums ihres Sprößlings, wenn sie dazu in der Lage waren. Damit wurden die »Kinder« von der Pflicht gegenüber der Gemeinschaft freigesprochen, während die Familie in die Verantwortung genommen wurde. So verliert das Verhältnis zwischen Individuum und Gesellschaft an Gleichgewicht.

Juristisch sind die Urteile sicherlich korrekt, aber ethisch sind sie fragwürdig. Gewiß kann man sich vorstellen, daß Eltern solch einen Zwang auf ein Kind ausüben, daß es ihm unerträglich erscheint, noch länger in der Familie zu verweilen. Wenn es sich um Minderjährige handelt, schreiten die Ämter in solchen Fällen ein. Aber welch ein Verzicht auf die Verantwortung gegenüber sich selbst liegt in der Klage eines Volljährigen gegen seine Eltern auf Geld!

Man braucht sich nicht zu wundern, daß in den letzten beiden Jahrzehnten der mitmenschliche Umgang unverbindlicher, oberflächlicher wurde – aber auch leichter und lockerer. Inzwischen glaubt die Mehrheit der jungen Generation nicht mehr daran, daß es in Zukunft mehr Nachbarschaftshilfe geben wird. Die so eingestellt sind, gehen auch davon aus, daß das Engagement in Bürgerinitiativen sowie die aktive Mitarbeit in Vereinen und sozialen Verbänden zurückgehen werden; ebenso die Teilnahme an Partei- oder Gewerkschaftsarbeit.

Die Individualisierung bedeutet aber nicht nur, daß man sein Leben nach eigenem Gusto gestalten kann, vom Gruppenzwang so frei wie möglich, sondern sie bedeutet letztlich auch »die Aufzehrung und Entzauberung der gruppenspezifischen Identitäts- und Sinnquellen (ethnische Identität, Klassenbewußtsein, Fortschrittsglauben) der Industriegesellschaft«.[39] Darin liegt eine große Gefahr. Denn der einzelne ist von nun an damit allein gelassen, sich selbst aus sich heraus zu definieren, was unmöglich ist.

»Das eigene Leben wird damit zugleich das globale Leben«, meint der Soziologe Ulrich Beck.[40] Die Individualisierung führt zunächst zum Verlust von Traditionen, die nicht alle schlecht sein müssen. Da der Mensch unter diesem Defizit leidet, erfindet er neue Gewohnheiten, was schwer ist, oder sucht sich, was leicht ist, alte, ganz alte! Ein an Identitätsverlust leidender Jugendlicher, der sich gegenüber der Umwelt aggressiv abgrenzen möchte oder vielleicht von den anderen ausgegrenzt wird, findet auf diese Weise leicht zum Neofaschismus als Tradition, die ihn von den anderen, die ihn individualisieren, abhebt.

Werte brauchen Bestätigung. Wichtig ist, daß die Gesellschaft den bestätigt, der gut handelt, daß sie aber genauso klar dem Ablehnung zeigt, der gegen die Werte verstößt. Sonst bleibt der Ehrliche der Dumme.

Verantwortung und Pflicht liegen nah beieinander. Und wer Verantwortung für morgen fordert, kann sich nicht aus der Pflicht für heute stehlen. So fordern etwa die Grünen mit ihrem Einsatz für eine gesunde Umwelt die Verantwortung für morgen.

Und die Grünen sind die Partei, die am stärksten von jugendlichen Bürgern gewählt wird. Ganz im Sinne der Individualisierung ist sie jedoch eine Partei, die man mit einer Spezialzeitung vergleichen könnte. Sie fordert einen sorgsameren Umgang mit der Natur. Und damit hat sie völlig recht. Ihre Forderung stellt sie jedoch nicht im Zusammenhang mit der Pflicht für die gegenwärtige Gesellschaft, sondern die Partei der Grünen gibt sich – was die Gegenwart betrifft – individualistisch utopisch.

Die Gesellschaft aber ist – es kann nicht oft genug wiederholt werden – Hauptziel allen moralischen Handelns. Und Anfang dieses Jahrhunderts hat Émile Durkheim die politische Gesellschaft als »das Vaterland« definiert. Heute ist Vaterland ein Begriff, den wir nur mit der Feuerzange anfassen, so arg ist er als Begründung für den Ersten und den Zweiten Weltkrieg strapaziert worden. Wer Vaterland hört, denkt schnell an Hitler, das Dritte Reich, die Nazis und damit unwillkürlich an die Judenvernichtung.

Durkheim war, bevor diese Kriege stattfanden, schon sehr modern. Er faßt das Vaterland »als Teilverkörperung der Menschheitsidee« auf: »Das Vaterland, so wie es das moderne Bewußtsein verlangt, ist nicht der eifersüchtige und egoistische Staat, der nichts anderes kennt als seine eigenen Interessen und sich von jeder Moraldisziplin entbunden glaubt. Was seinen Moralwert ausmacht, ist die höchstmögliche Annäherung an die menschliche Gesellschaft, heute noch unerfüllt und viel-

75

leicht unerfüllbar, die aber die Idealgrenze darstellt, der wir uns ständig zu nähern versuchen. Man möge sich hüten, in dieser Auffassung vom Vaterland irgendeine utopische Träumerei zu sehen. Die Geschichte lehrt uns, daß sie immer mehr Wirklichkeit wird. Aus der Tatsache, daß die Gesellschaften immer größer werden, hebt sich das soziale Ideal immer mehr von allen lokalen und ethnischen Bedingungen ab, um einer immer größeren Anzahl von Menschen gemeinsam zu werden, von Menschen aller Rassen und aller Regionen. Damit wird es immer allgemeiner und abstrakter, und abstrakter folglich dem menschlichen Ideal immer näher.«[41]

Den Vaterlandsgedanken, den Durkheim definiert, finden wir in dem Wort wieder, das in Deutschland dazu dient, den belasteten Begriff zu umgehen: Verfassungspatriotismus. Man bekennt sich zum Grundgesetz und so zu den dort aufgezeichneten Rechten. Damit ist die Identifikation mit Kultur und Geschichte des eigenen Landes ersetzt durch die Identifikation mit den Grundwerten.

Ohne daß es den meisten Deutschen bewußt ist, haben sie aufgrund der deutschen Geschichte ein Problem nicht nur mit dem Wort Vaterland, sondern auch mit dem damit zusammenhängenden Begriff Identität. Es wird – selbst von klugen Leuten – gern geleugnet, daß es eine deutsche Identität gebe. Da wird die Ausflucht gebraucht, Identität sei eine Sache, die nur bei einem Individuum zu finden sei. Andere, alte Nationen haben mit ihrer Identität keine Schwierigkeiten; junge Nationen – wie die USA – tun alles, um eine nationale Identität heraufzubeschwören, sei es durch das Sternenbanner, das an jeder öffentlichen Stelle, ja fast in jedem Klassenzimmer zu finden ist, sei es durch unzählige Symbole, die immer wieder die Gemeinschaft beschwören.

In Frankreich hat des Landes bedeutendster Historiker dieses Jahrhunderts, Fernand Braudel, sein dreibändiges Alterswerk »L'identité de la France – Die Identität Frankreichs« genannt. Um eine Identität zu beschreiben, sind drei Bände fast zu wenig, denn sie umfaßt so vieles aus der Sozialgeschichte, aus den Hochkulturen, aus der Politik, der Vernunft und aus den Gefühlen eines Volkes, daß jede Schicht, jede Region sich aus dieser Menge ihre Einzelteile für ihre jeweilig besonders geprägte Identität zusammensuchen kann. Sie ist für jeden anders, doch alle finden darin etwas Gemeinsames.

Die Massenvernichtung der Juden durch die deutsche Staatsmaschinerie im Dritten Reich hat zu einer einmaligen historischen Situation geführt: Die Deutschen können sich nicht ungehemmt auf ihre Vergangenheit berufen. 1945 ist ein Trennungsstrich in der Geschichte. Damit ist einem ganzen Volk verwehrt, sich unbelastet auf seine Vergangenheit zu beziehen. Nun beschreibt aber die Vergangenheit eines einzelnen Menschen seine Herkunft. Sie umfaßt die Eltern, die Familie, die gemeinsamen Erinnerungen, die Sprache, die Erziehung, die Verbundenheit mit dem, was Heimat genannt wird und ein Ort oder eine Gegend ist. Ähnlich – nur in größerem Rahmen – steht es um die Herkunft eines Volkes, die sich Generation für Generation tradiert. Doch plötzlich entstand zwischen den Generationen ein Bruch, der sich aus zwei Daten herleitet: 1945 und 1968.

Die Studentenbewegung von 1968 fand ihren Anfang in der Frage, wie die Professoren an den Universitäten mit dem Dritten Reich umgegangen sind. Wie haben sie sich damals verhalten? Die Autoritäten haben zum großen Teil diese Diskussion nicht führen wollen.

Eine Identität des Volkes könne es nicht geben, sagen diejenigen, die den Bruch zwischen der Vorkriegs- und der Nachkriegsgeneration intellektuell dazu benutzen, sich von der Geschichte des eigenen Volkes zu distanzieren. Dabei begehen sie einen elementaren Fehler: Sie trennen die Vergangenheit einfach von der Gegenwart ab. Denn wenn es eine Identität des Volkes gibt, dann ist in dessen Vergangenheit auch die Ermordung der Juden Inhalt. Gibt es keine Identität, dann ist der Holocaust aus der Herkunft gestrichen.

Aber nicht nur historische Entwicklungen, die auch bei unseren Nachbarn auftraten – wie der Antisemitismus, allerdings nicht mit diesen Folgen –, sind in Deutschland belastet, weil sie zum Nationalsozialismus führten, sondern auch kulturelle und volkstümliche Ausdrucksweisen bleiben mit den Nazis so lange verbunden, wie das Gedächtnis reicht.

Als Folge von Auschwitz und diesem Teil der deutschen Geschichte, so sagt Jürgen Habermas, hätten die Deutschen die Möglichkeit eingebüßt, ihre politische Identität auf etwas anderes zu gründen »als auf universalistische und staatsbürgerliche Prinzipien, in deren Licht die nationale Tradition nicht mehr unbesehen, sondern nur noch kritisch und selbstkritisch angeeignet werden kann«.[42] Das zu lehren wäre mutig.

Eine bewußt wahrgenommene Identität gibt Sicherheit, kann sogar stolz (im positiven Sinn) machen. Wer seine Identität in der Gesellschaft findet, die die Gesamtheit der Moralregeln ausmacht, fühlt sich wie hinter einem Schutzwall geborgen, da er die Möglichkeiten und die Grenzen kennt.

Eine fehlende Identität macht unsicher: nicht nur in der Politik, auch in der Wirtschaft und im täglichen Leben. Viele Deutsche haben mehr oder minder deutlich Probleme damit, Deutsche zu sein. Das erlebe ich immer wieder, wenn ich zum Thema »Angst vor Deutschland« rede. Da erklärte in der Diskussion eine Frau, Mitte Dreißig, sie hätte um ein Haar einen Italiener geheiratet, nur um dem Deutschsein zu entfliehen.

Ein Deutscher kann seiner Identität durch Leugnen jedoch nicht davonlaufen. Das spürt er, sobald er im Ausland auf Menschen trifft, die der deutschen Vergangenheit sensibel gegenüberstehen. Als Auslandskorrespondent in New York und Paris bin ich häufig Opfern des Nazi-Regimes begegnet, Menschen, die im KZ gesessen oder dort ihre Familien verloren haben. Als Berichterstatter während des Prozesses gegen den SS-Mann Klaus Barbie in Lyon hatte ich viel mit solchen Menschen oder ihren Angehörigen zu tun. Die ehemalige Leiterin des Kinderheimes von Izieu, dessen Betreuer und Kinder Klaus Barbie nach Auschwitz schickte, darunter die jener Frau, sagte, als ihr Anwalt mich zu ihr führte: »Sie sind der erste Deutsche, mit dem ich seit vierzig Jahren spreche.« Ich war damals gerade 44 Jahre alt.

Deutsche sind Schwaben, Bayern, Hamburger oder Sachsen, Thüringer und Brandenburger – wer einen jungen Menschen fragt, ob er Deutscher sei, erhält häufig als Antwort: »So steht es in meinem Paß.« Auch das ist eine Distanzierung.

Der Größenwahn Hitlers beschränkt heute noch Regierung wie Unternehmer. In der Außen- und Verteidigungspolitik wird die Vergangenheit als Grund dafür angeführt, daß deutsche Soldaten im Auftrag der UNO nicht eingesetzt werden könnten, was andere, auch die Italiener mit ihrer eigenen faschistischen Vergangenheit, tun. Die Italiener haben wieder Neofaschisten an der Macht, doch nicht die Deutschen haben darauf hart reagiert, sondern die Norweger, die idealistisch bekannten, mit den neofaschistischen Ministern jeden Kontakt abzulehnen. War Deutschland vor 1945 ein Land mit großen Forschern und enormen technologischen Leistungen in den Bereichen Atom-, Luftfahrt- und Raketentechnik, so haben die Deutschen seit 1945 Angst vor großen Projekten.

Die Franzosen waren es, die die Deutschen zu einer europäischen Zusammenarbeit in der Luftfahrt regelrecht drängen mußten. Weshalb, so in den sechziger Jahren, sollten die Deutschen sich am Bau von Flugzeugen beteiligen, wenn man doch amerikanische kaufen konnte? Wiederum waren es die Franzosen, die Bonn dazu brachten, sich an der europäischen Weltraumfahrt und dem Bau der Ariane-Rakete zu beteiligen. Doch der Hinweis auf die Amerikaner blieb auch diesmal nicht aus. Die Deutschen hatten immer neue Ausflüchte parat. Während die Franzosen mit den Engländern den Kanaltunnel gruben und dieses Mammutprojekt mit einem Finanzvolumen von über fünfzehn Milliarden Mark privat durchführten, konnte sich die deutsche Industrie nicht dazu durchringen, die Magnetschnellbahn Transrapid aufs Gleis zu heben. Da waren staatliche Genehmigung und Hilfe gefragt, statt die Ärmel aufzukrempeln und zu handeln. All das bewirkt eine fehlende Identität.

Durkheim definiert Vaterland modern; dennoch kann man ein Wort, sollte es zu belastet sein, ersetzen. Für die Franzosen ist – neben der Nation Frankreich – der Begriff Republik ein Teil ihrer Identität. Weshalb berufen die Deutschen sich nicht auf solch einen demokratischen Wert?

»Deutsche, wir können stolz sein auf dieses Land.« So lautete der Wahlslogan von Willy Brandt 1972. Aber inzwischen gilt der Satz: »Ich bin stolz, ein Deutscher zu sein«, als rechtsradikale Parole. Nicht, weil dieser Satz etwas Rechtsradikales ausdrückte, sondern weil Rechtsradikale ihn zu ihrem Slogan gemacht haben. Die beste Bekämpfung des Rechtsradikalismus wäre, wenn alle Demokraten diesen Satz übernähmen. Aber das geht wegen des Problems der Deutschen mit ihrer Herkunft nicht.

Zwar versuchen Prominente aus allen Bereichen der Gesellschaft mit einer Anzeigenkampagne den Begriff *Deutschland* anders zu definieren. Doch was tun sie? Sie bilden Wirtschafts- oder Gewerkschaftsführer ab und sagen: »Deutschland, das sind wir.« Die Vorbildfunktion soll also wirken. Aber das wird nicht ausreichen.

Andere, wie der CDU-Fraktionsvorsitzende Wolfgang Schäuble, plädieren unkritisch für das Nationale. Nichts gegen einige unbelastete nationale Symbole oder Gemeinsamkeiten, nichts gegen die deutsche Fahne, deren Farben Schwarz-Rot-Gold mit den Freiheitskämpfen gegen Napoleon zu tun haben. Doch weshalb versucht man nicht, eine neue Identität aufzubauen und mit Inhalten zu füllen, statt eine alte zu restaurieren – und das mit nationalen Parolen?

Als der französische Premierminister Édouard Balladur im April 1993 seine Antrittsrede vor der Volksversammlung hielt, versprach er, die Gesellschaft innerhalb der nächsten fünf Jahre so zu modernisieren, daß Frankreich für die Welt wieder ein Modell sei. Da mag man schmunzeln, daß Frankreich sich dies anmaßt, aber Frankreich ist heute noch stolz darauf, mit der Revolution von 1789 und den Menschenrechten der (damals europäischen) Welt ein Vorbild gewesen zu sein. Und Frankreich handelt – nicht immer, aber doch immer wieder nach diesen Prinzipien: Als die Apartheidpolitik Südafrikas in der ganzen Welt Kritik hervorrief, zog Frankreich demonstrativ seinen Botschafter ab und ließ ihn für lange Zeit nicht zurückkehren, während die deutsche Politik – trotz aller Vergangenheit – mit Rücksicht auf die in Südafrika stark vertretene deutsche Wirtschaft die Augen schloß.

Eine moderne deutsche Identität könnte darin liegen, der Welt ein Modell an Verantwortung zu sein. Aber: nicht ein belehrendes Modell, sondern ein vorgelebtes.

Regeln
für
Staat und Bürger

Der moderne Gesellschaftsvertrag

Zwischen denen, die für die Gesellschaft plädieren, und jenen, die sich für die individuelle Selbstentfaltung einsetzen, ist scheinbar eine merkwürdige politische Verschiebung zu verzeichnen. Die Selbstverwirklichung war die Befreiungsidee bürgerlicher Aufklärung und des Liberalismus von Adam Smith, der davon ausging, daß der Markt den Rest regeln werde. Dagegen ist die Gemeinschaft eher ein Wert der Linken, besonders wenn man die Idee von der Gemeinschaft mit dem Wert »Solidarität« erklärt.

Heute treten in Europa diejenigen, die eher zu den Linken gerechnet werden, für den einst bürgerlichen Begriff des Individualismus ein. In einem Beitrag für »Le Monde« schreibt Alain Touraine, einer der Vordenker der französischen Linken: »Links ist es heute, die Individuen und die Minderheiten gegen jenen Staat zu verteidigen, der dazu da ist, die Forderungen der Konsumenten-Mehrheit zu befriedigen.«[43] Von der traditionsreichen Forderung der Linken nach Gleichheit scheint Touraine nichts mehr zu halten: »Die Linke muß individuelle Freiheit und kulturelle Diversität auf ihre Fahnen schreiben.«

Unterdessen halten den Wert der Gemeinschaft die eher Konservativen hoch. Die können sich auf eine aus Amerika kommende, eher linke Theorie mit dem Ruf nach mehr Gemeinschaft beziehen – eine Theorie, bekannt unter dem Namen des »communitarianism«, des Kommunitarismus,[44] den Philosophen wie Charles Taylor, Alasdair MacIntyre und der Religionsphilosoph Robert Bellah vertreten. Der Kommunitarismus geht in seiner Vorstellung von der Regelung des Lebens weit über das Praktische und Wirkliche hinaus. Nicht nur die Grundwerte festigen danach den Zusammenhalt der Individuen in einer Gesellschaft, sondern auch unbedingte, den ganzen Menschen ergreifende Empfindungen. So, als handle es sich um eine große Familie, soll diese Gemeinschaft auch durch affektive Werte wie Liebe und Zuneigung zusammengehalten werden. Ich fürchte, daß viele, die sich dem Kommunitarismus verschrieben haben, entweder idealistische Romantiker sind oder Anhänger einer modernisierten, weil versteckten, »law and order«-Ideologie.

Wie ist diese Verschiebung der Positionen zu erklären? Sie hat natürlich auch mit dem Links/Rechts-Verlust zu tun, und jeder sucht nun einen neuen kritischen oder konservierenden Ansatz. Dabei sollte man sich jedoch die Wirklichkeit der Gesellschaft anschauen und es nicht beim Theoretisieren belassen: Wie frei ist ein Heranwachsender überhaupt, sein Leben selbst zu gestalten? Seine Eltern haben für ihn als Zehnjährigen schon entschieden, welche spezielle Ausbildung er zu erhalten hat. In der Schule steht er unter dem modischen Diktat seiner Mitschüler, die ihn aus der Gruppe ausschließen, wenn er nicht die jeweils neuesten Sportschuhe, das aktuelle T-Shirt, »die« Jacke trägt. Seine Spezialisierung geht als Teenager weiter: in der Schule, in der Wahl des Abschlusses (Achtung: Numerus clausus), in der Masse an der Universität oder auf der Suche nach der passenden Lehre – mit möglicher Arbeitslosigkeit nach der Ausbildung. Wie kann er sich frei entscheiden, wo er wohnen will, wenn die Wohnungsnot die Preise so in die Höhe treibt, daß selbst diejenigen mit einem guten Einkommen Schwierigkeiten haben?

Andererseits sind die Möglichkeiten, das private Leben selbst einzurichten, dennoch größer als je zuvor. Denn heute entscheidet die gesellschaftliche Herkunft eines Menschen nicht mehr zwangsläufig über seine Ausbildung, über das soziale Umfeld, auch nicht über den Lebensstil. Der Verdienst reicht häufig über die Existenzsicherung hinaus. Fremdzwänge wie unmittelbare militärische Bedrohung oder Verhaltensgebote – etwa der Kirchen – spielen keine Rolle mehr; und so muß der Mensch nur entscheiden, wie er sich in der Gesellschaft einrichten will. Der Wohlstand erlaubt dem Individuum, all dem nachzujagen, was einem schönen, interessanten, persönlich als lohnend empfundenen Leben entspricht: Es entwickelt sich die subjektive, individualistische Erlebnisgesellschaft.[45] So hat sich vieles in den Lebensumständen, aber auch in der Vorstellung vom Sinn des Lebens geändert.

»Pflicht ist out!« sagte mir letzthin der junge Student Markus Edele und lachte darüber. Nein, Pflicht, damit kann besonders die Jugend nichts mehr anfangen, denn Pflicht klingt nach Großeltern, vielleicht sogar nach Preußentum des 18. Jahrhunderts. Pflicht hat angeblich mit der heutigen »modernen« Gesellschaft nichts zu tun. Daß eine Gesellschaft mit Pflichten verbunden ist, das hat ihnen bisher niemand gesagt – die Eltern nicht, die Lehrer nicht. So verwundert es nicht, daß die Beziehung zur Gesellschaft als eine Pflichten fordernde Gemeinschaft erheblich abgenommen hat, wie folgende Statistik[46] zeigt:

Sinn des Lebens Beziehung zur Gesellschaft	1974 %	1992 %
Im Leben etwas zu leisten, es zu etwas bringen	54	41
Daß ich von meinen Mitmenschen geachtet werde, Ansehen habe	36	39
An meinem Platz mithelfen, eine bessere Gesellschaft zu schaffen	46	30
Ganz für andere dazusein, anderen zu helfen	24	17

In der Entwicklung der ersten beiden Fragen steckt ein Paradox: weniger leisten, aber mehr geachtet werden. Daß die Achtung, die einem andere entgegenbringen, von dem abhängen sollte, was man in der Gesellschaft leistet, wird übersehen.

Der Traum von einer besseren Gesellschaft motivierte diejenigen, die man heute – zu Unrecht ein wenig hämisch – als die 68er bezeichnet. Ganz im Sinne von Kant wollten sie den Sieg der Vernunft. Bei der Vorstellung von einer besseren Welt ging es ihnen nicht um Materielles, sondern um Ideelles. Die Hoffnung liegt in der Vernunft! Doch die Vernunft, so haben die 68er schweren Herzens lernen müssen, ist nicht der einzige Beweggrund für die Menschen. Der Eigennutz ist ein anderer. Das Gefühl ist eine Fähigkeit, durch die sich Individuen voneinander unterscheiden. Affekte – insbesondere der Hang zum Materiellen – sind stärker als Einsicht. Natürlich schmunzeln wir heute alle darüber, vor zwanzig Jahren gefordert zu haben, niemand dürfe mehr als fünftausend Mark verdienen. Das war nicht Neid (der als egoistisches Motiv ein individuelles Gefühl ist), sondern Idealismus.

Die Jahre der Studentenrevolution mag manch einer anders als vernünftig erfahren haben, denn sie waren auch Chaos und Anrennen gegen jede Tradition bis hin zur Anarchie. Alle diese Elemente steckten sicherlich in einer Bewegung, die Traditionelles deswegen in Frage stellte, weil es nicht als vernunftbegründet erschien. Der Aufbau der neuen, vernunftorientierten Gesellschaft schien nur möglich, wenn die aus Tradition und offenbar nicht aus Einsicht aufgebauten Teile des Systems zerstört sein würden. Daß dabei spielerische Elemente wie die Kommune von Langhans und Teufel den Bürger erschreckten, das gefiel nebenbei.

Heute verdienen die meisten von denen, die damals diese Ansichten vertreten haben, weit mehr als die einst festgesetzte Grenze. Wer heute fünftausend Mark brutto erhält und zwei Kinder hat, der muß sich nach der Decke strecken, um mit dem Haushaltsgeld auszukommen. Und trotzdem – das ist symptomatisch für die Art und Weise, wie die Gesellschaft in Individuen zerfällt – ist die Prozentzahl derjenigen, die mithelfen wollen, eine bessere Gesellschaft herbeizuführen – eine gerechtere vielleicht, eine umweltfreundlichere, eine verantwortungsvollere –, von fast der Hälfte der Befragten auf unter ein Drittel gesunken. Und noch nicht einmal ein Fünftel sieht den Sinn des Lebens darin, anderen zu helfen.

Dagegen hat der Anspruch an die Gesellschaft in Form von Geselligkeit zugenommen. Die einzelnen können nicht mehr allein sein und suchen deshalb das Vergnügen in der Masse. Selbst die Wirtschaft ist von der Atomisierung der Bevölkerung betroffen. Die Marktforschung hat den Trend zum »multidimensionalen Verhalten« ermittelt: Mehr und mehr Menschen zählen sich zu den »Leuten, die mal Jeans, mal Gala tragen, die mal einfach oder auch mal anspruchsvoll essen, die manchmal sparsam, manchmal auch verschwenderisch sind«.[47]

Selbst im Bereich der Druckmedien hat diese gesellschaftliche Veränderung ihre wirtschaftlichen Konsequenzen. Die Pleite von »Quick« etwa war die Folge dieser Entwicklung, denn Leser wenden sich von den alles umfassenden »General-Interest«-Titeln ab und immer spezialisierteren Zeitschriften (besonderen Computerheften etwa) zu.

Dramatisch hat schließlich der Anteil der Einpersonenhaushalte zugenommen: 1992 lebten bereits 35 Prozent der Deutschen allein, in Großstädten wie Berlin oder Hamburg schon jeder zweite. Aber vollzieht sich hier nicht eher eine Vereinzelung statt einer Individualisierung?

Die Wirklichkeit entspricht nur wenig den intellektuellen und theoretischen Vorgaben, die festlegen, was unter *Individualisierung* zu verstehen sei. *Individualisierung* heißt demnach: »Jeder und jede lernt (oder sollte es lernen), in Rechnung zu stellen, daß alle anderen davon ausgehen, daß man selbst ›klarkommen‹ muß.«[48] Man soll also man selbst sein.

Jürgen Habermas definiert *Individualisierung* so: »Weil mir die anderen Zurechnungsfähigkeit unterstellen, mache ich mich nach und nach zu dem, der ich im Zusammenleben mit anderen geworden bin.«[49] Dieses Individuum, das nach einer so definierten Selbstentfaltung strebt, hat in der von Werten zusammengehaltenen Gesellschaft seinen Platz – theoretisch, versteht sich.

In der Praxis sieht es jedoch so aus, daß sich viele Bürger nicht mehr mit dem identifizieren, was sie glauben, im Gesellschaftsvertrag unterschrieben zu haben. Nach den Untersuchungen über den Werteverlust stehen *Freiheit, Gleichheit, Brüderlichkeit* immer noch hoch im Kurs. Aber die Bürger haben den Eindruck, daß diese ethischen Vorgaben wenig Folgen zeitigen und im Staat immer mehr an Ausdruck verloren haben. Und sie sehen, daß die Entwicklung »nicht den historischen Postulaten von ›mehr Freiheit, mehr Gleichheit, mehr Brüderlichkeit‹ folgt, sondern einer anderen Dynamik, in der die Individualisierungsprozesse neuen Widersprüchen und Gegenläufigkeiten ausgesetzt sind:
- Je mehr Freiheit, desto weniger Gleichheit;
- je weniger Gleichheit, desto mehr Konkurrenz;
- je mehr Konkurrenz, desto weniger Solidarität;
- je weniger Solidarität, desto mehr Vereinzelung;
- je mehr Vereinzelung, desto weniger soziale Einbindung;
- je weniger soziale Einbindung, desto mehr rücksichtslose Durchsetzung.«[50]

Pflicht, Einsicht und *Gemeinschaft*, so haben wir gesagt, seien die drei Elemente, die den Bürger dazu verleiten sollen, die Werte in der Gesellschaft umzusetzen. Die *Gemeinschaft* wird jedoch von der Vereinzelung gefährdet. Die *Einsicht* schwindet, weil die Grundwerte im Staat immer weniger verwirklicht werden. Und was ist mit der *Pflicht*? Der Bürger soll freiwillig gehorchen, und die Tugenden sind dazu eingerichtet, um sein individuelles Verlangen zu zügeln.

Vorsorglich hat die Gesellschaft aber auch – außerhalb der Gesetze – Strafen vorgesehen, falls die Pflicht versagen sollte. Schuld- oder Schamgefühle sind die geringste Folge. Soziale Mißachtung wirkt da schon stärker. Davon scheint aber immer weniger vorhanden zu sein. Selbst die Vorbilder werden gierig. Nicht ideelle Erwägungen, sondern handfest materielle bestimmen einen zu großen Teil des gesellschaftlichen Tuns, und – wie wir in den letzten Jahren gesehen haben – man schämt sich noch nicht einmal.

Was ist, so wollen wir in der Folge untersuchen, im Deutschland des ausgehenden Jahrhunderts, mit dem auch ein Jahrtausend zu Ende geht, aus *Freiheit, Gleichheit und Brüderlichkeit* geworden?

Zu Freiheit gehört Mut

Im Dezember 1993 war ich einige Tage in Singapur und erfuhr so von einer wahren Geschichte, die ich wenige Tage später in den »Tagesthemen« – vor dem Wetter – zum besten gab:

»Neid und Mißgunst machen sich gegenüber Politikern breit. Nicht etwa um dem Winter zu entfliehen, haben jetzt vier Bundestagsabgeordnete eine Reise nach Australien und Neuseeland unternommen. In den touristisch attraktiven Naturparks Neuseelands haben sie eigenhändig das Ozonloch untersucht. In Australien, am photogenen Ayers Rock, studierten sie die Gesundheitsfürsorge der Ureinwohner, und im warmen Wasser des Barrier Reefs begutachteten sie bedrohte Korallenbänke. Ja, und heute waren sie in Singapur so erschöpft, daß sie das offizielle Programm absagen ließen, um sich wie Urlauber zu erholen. Mißgunst, weil die Reise den Steuerzahler etwa 100 000 Mark kostet? Bloß keinen Neid. In Singapur hat es geregnet.«

Darüber mag man sich amüsieren oder auch nicht. Denn diese Reise ist ja nur ein Muster für viele Reisen, nicht nur von Abgeordneten des Bundestages. Nein, ein ähnlicher Reiseplan hatte mir eine andere Moderation erlaubt: 25 Mitglieder des Umweltausschusses im Bayrischen Landtag wollten sich eine vierzehntägige Reise nach Japan auf Kosten des Steuerzahlers gönnen. Vorgesehen war eine Woche Besichtigung und eine Woche Privatvergnügen. Der Grund für die Reise, so der Ausschußvorsitzende: »In uns Bayern sollte die Fremdartigkeit der Japaner Neugierde zur Enträtselung auslösen.« Schön hat er das formuliert, doch die Veröffentlichung führte dazu, daß der Landtag die Reise nicht genehmigte.

Millionen von Mark werden jedes Jahr für »Lustreisen« von politischen Mandatsträgern aus Steuergeldern bezahlt. Daß dies vom Volk erarbeitetes Geld ist, stört die Reisenden nicht, denn in der Gesellschaft ist fast allen das Bewußtsein dafür abhanden gekommen, daß der Staat nichts anderes ist als die Summe seiner Bürger, die sich Institutionen gegeben haben, um das Zusammenleben zu organisieren und zu sichern. Nach dem Siegeszug der Montesquieuschen Idee von der Dreiteilung der Gewalten, haben sich die westlichen Demokratien entsprechend eingerichtet. Doch längst ist neben Legislative, Exekutive und Justiz noch eine vierte Gewalt getreten: die der Medien.

Der Staat garantiert die Freiheit. Und die Freiheit der politischen Gemeinschaft hängt von ihrer Regierungsform ab, aber nicht in der Theorie, sondern in der Wirklichkeit. Die Wirklichkeit wiederum bestimmen diejenigen, die Verantwortung übernehmen, die sich wählen oder ernennen lassen.

Über den Deutschen Bundestag ist schon viel geklagt worden, nicht nur in ironischer Art und nicht nur über die kostspieligen Reisen. Doch der Bundestag ist aufgrund der Fraktionsdisziplin und der damit verbundenen Abhängigkeit der Abgeordneten von ihren Parteien nur noch ein verhältnismäßig unwichtiges Organ des politischen Lebens. Er ist von den Parteien vereinnahmt und für ihre Zwecke instrumentalisiert worden. Im Grundgesetz wird den Abgeordneten noch die freie Gewissensentscheidung garantiert, im Abstimmungsverhalten wird es nur in ganz seltenen Fällen erlaubt, wenn die Parteien sich für die Freigabe vom Fraktionszwang aussprechen: Und das ist dann wieder eine Entscheidung der Parteien, nicht der Abgeordneten. Wer nicht spurt, der spürt die Folgen. Und eine Folge kann sein, daß man nicht zur Wiederwahl aufgestellt wird. Dies hat schon zu dem Paradox geführt, daß ein Abgeordneter der SPD sich im Plenum heftig gegen ein Gesetz aussprach, aber hinzufügte, er werde trotzdem dafür stimmen, da die Fraktion ihn dazu zwinge.

Viele Mängel des Bundestages sind seit Jahren bekannt, abgeschafft werden sie nicht. Nehmen wir nur die Erkenntnis, daß im Bundestag mit 662 Volksvertretern zu viele Abgeordnete sitzen. Davon sind die Spitzen aller etablierten Parteien überzeugt. Vierhundert Parlamentarier würden ausreichen und auch besser arbeiten. (Bundespräsident Roman Herzog wünscht sich eine Reduzierung auf fünfhundert.) Doch als der Fraktionsvorsitzende von CDU/CSU, Wolfgang Schäuble, dies vorschlug, wehte ihm sofort ein eisiger Wind entgegen. Nicht, daß die Erkenntnis falsch sei, wurde ihm vorgeworfen, sondern daß er damit völlig unnötig eine große Anzahl von gutdotierten Posten aufgebe, mit denen die Parteien wichtige Mitglieder belohnen oder wenigstens versorgen könnten. Die öffentliche Hand würde zwar jedes Jahr rund hundert Millionen Mark sparen, wenn diese vernünftige Änderung durchgesetzt würde – doch Geld ist überall, nicht nur in der Politik, nur dann ein Argument, wenn man etwas nicht will. Etwa wenn man nicht nach Berlin umziehen will.

Vierzig Jahre lang war die bedrohte deutsche Hauptstadt Berlin zentrales Thema unzähliger Sonntagsreden, aber als Deutschland plötzlich wiedervereinigt war, konnten viele sich nicht damit abfinden, daß aus diesem Wunsch Wirklichkeit werden sollte. Es war eben nur ein *frommer* Wunsch gewesen, und besonders viele (nicht alle!) von denen stimmten gegen Berlin, die in Bonn materiell gebunden sind: durch ein Häuschen im Grünen. Und der Streit hörte nie auf. Plötzlich wurden solche Unsummen genannt, die der Umzug kosten würde, daß man ihn – bei der knappen Finanzlage – sich gar nicht leisten könne. Das Bundesbauministerium legte Berechnungen vor, die so horrend waren, daß die deutsche Industrie sich anbot, dieselben Regierungsgebäude in Berlin für die Hälfte des Preises zu errichten. Eine phantasievolle Regierung hätte da beherzt zugegriffen: Sie hätte Steuergelder (die der Bürger erarbeitet!) gespart. Aber es geht ja nicht nur um das Geld. Sie hätte die Industrie auch für die Gesellschaft in die Pflicht genommen.

Doch weshalb jonglieren Politiker der meisten Parteien so mit dem Thema Bonn/Berlin? Nicht nur aus Eigeninteresse, auch, weil sie sich nicht festlegen wollen. Schließlich sind viele westdeutsche Bürger aus unterschiedlichen Motiven gegen eine Hauptstadt Berlin. Weshalb sie vergrätzen?

Eines der großen Probleme unserer Politik ist, daß es entscheidenden Politikern, die Veränderungen oder Unpopuläres durchsetzen müßten, an einer der alten Tugenden fehlt: an dem, was einmal Tapferkeit war. (Allerdings trifft dies nicht nur auf Politiker zu!)

Tapferkeit gehört bei Platon zu den vier Kardinaltugenden. Heute ist der Begriff Tapferkeit veraltet, denn im Staat Platons wie bei Aristoteles galt Tapferkeit als Tugend im kriegerischen Bereich, vor allem im Verhalten angesichts des Todes. Aber schon Aristoteles hat darauf hingewiesen, daß es auch eine »bürgerliche Tapferkeit« gibt. »Dahin gehört vor allem das Eintreten für die eigenen Überzeugungen, auch wenn sie dem andren und vor allem dem Mächtigeren nicht angenehm sind und man darum fürchten muß, durch solche freimütigen Äußerungen sich selber zu schädigen.«[51]

Der Mächtige in diesem Sinn ist heute immer noch der Souverän, aber nicht mehr der mit der Krone, sondern der mit dem Wahlzettel. Tapfer ist der Politiker, der dem Wähler die unangenehme Wahrheit sagt, statt sich herauszumogeln.

Der Sinn von Tapferkeit hat sich gewandelt. Nennen wir diese Kardinaltugend doch, den neuen, friedlichen Zeiten angepaßt, einfach: Mut. Und auf den Mut als moralische Verhaltensweise übertragen wir, was Element der alten Tugend bei Platon und Aristoteles war.

In der Tapferkeit steckte eine sittliche Haltung; sittlich deswegen, weil der Mensch sie erst erwerben muß, indem er die Neigung überwindet, zur Selbstschonung einfach nachzugeben. Heute gehört in der Politik Mut dazu, etwas von allen als vernünftig Erkanntes durchzusetzen, das aber den Parteifreunden oder -interessen widerspricht.

Würden sich die drei Fraktionsvorsitzenden Wolfgang Schäuble (CDU/CSU), Hans-Ulrich Klose (SPD) und Otto Solms (F.D.P.) darauf einigen, den Bundestag auf vierhundert Abgeordnete zu verkleinern, dann könnten sie diese Entscheidung durchsetzen. Aber keiner hat den Mut dazu.

Abgeordnete scheinen mit ethischen Werten ohnehin auf Kriegsfuß zu stehen. Da haben wir erlebt, daß zwei CDU-Bundestagspräsidenten auf Druck ihrer Partei zurücktreten mußten: Eugen Gerstenmeier und Rainer Barzel. Zwar hatten sie sich rechtlich nichts zuschulden kommen lassen, aber es wurde ihnen sittliches Fehlverhalten vorgeworfen. Gerstenmeier hatte als Widerstandskämpfer gegen das Naziregime einen Wiedergutmachungsanspruch geltend gemacht und daraufhin eine erhebliche Geldsumme zugesprochen erhalten. Rainer Barzel hatte einen ungewöhnlich gut dotierten Beratervertrag mit einer Rechtsanwaltsfirma seiner Fraktion verschwiegen.

Finanzielle oder wirtschaftliche Vorteile aus seiner politischen Position zu ziehen wird von den Abgeordneten bis zu einer gewissen Schwelle akzeptiert. Die Frage ist nur, wie hoch diese Schwelle ist. Das scheint in jedem Einzelfall unterschiedlich. Die Beurteilung hängt von zwei Dingen ab. Erstens, wie das Verhältnis zwischen dem Geldbetrag und der damit in Beziehung stehenden Leistung aussieht; zum zweiten aber ist auch wichtig, ob die Zahlung im Widerspruch zu stark moralisierendem Auftreten des betroffenen Politikers steht. Sowohl auf Gerstenmeier wie auch Barzel traf dies zu, und das wurde gegen sie verwendet, als die Relation zwischen dem erhaltenen Geld und dem angegebenen Grund eine ungewöhnlich hohe Differenz auszumachen schien. In Wirklichkeit wurden beide

Personen von ihren Parteimitgliedern politisch geschlachtet, weil ihre Machtbasis erodiert war.

Da trifft der Satz des ehemaligen Bundespräsidenten Richard von Weizsäcker zu: »Bei uns ist ein Berufspolitiker im allgemeinen weder ein Fachmann noch ein Dilettant, sondern ein Generalist mit Spezialwissen, wie man politische Gegner bekämpft.«

Erstaunlich ist jedoch, daß die in dem individuellen Fall moralisierenden Abgeordneten keine ethischen Bedenken haben, wenn ihre Parteien gegen Gesetze verstoßen. Für eine Untersuchung des Max-Planck-Instituts für Gesellschaftsforschung über die sozialen Normen im Deutschen Bundestag[52] wurden Abgeordnete danach befragt, wie sie die Spendenaffäre der Parteien beurteilten. Obwohl es Gerichtsurteile gibt, in denen so prominente Politiker wie Otto Graf Lambsdorff von der F.D.P. vom Gericht wegen des Verstoßes gegen die vom Bundestag erlassenen Gesetze bestraft wurden, haben die meisten Volksvertreter angegeben, sie sähen darin keinen Verstoß gegen eine gesellschaftliche Norm. Diese Praktiken gelten als annehmbar, möglicherweise weil nicht ein einzelner, sondern die Partei von dem Geldsegen profitierte. Überhaupt wird ein Abgeordneter, der sich zu stark für ethische Grundsätze einsetzt, wie etwa der CDU-Abgeordnete Stefan Schwarz für die Menschen in Bosnien, von oben herab angesehen und eher als Eiferer hingestellt.

Macht ist der einzige Wert, der bei den Volksvertretern zählt. Macht ist jedoch kein ethisches Ziel. Drum ist in der Parteipolitik der ethisch Handelnde der Dumme, wenn es um die Verteilung der Machtpositionen geht.

Auch große, für den weiteren Bestand der Bundesrepublik wichtige Entscheidungen werden ohne Mut parteipolitisch »erledigt«. Die Grundlage eines jeden Staates ist seine Verfassung. Aus geschichtlich erklärbaren Gründen wurde das Grundgesetz 1949 von einer Verfassunggebenden Versammlung verabschiedet. Noch lastete die aus der Weimarer Zeit herrührende Angst vor den bei Volksabstimmungen »unmündigen«, weil »verführbaren« deutschen Wählern auf dem Volk.

Nach der Vereinigung von DDR und Bundesrepublik hätte es diesem inzwischen ausgewiesen demokratischen Volk gutgetan, sich Gedanken über die Staatsziele im Grundgesetz zu machen, darüber zu debattieren und abzustimmen. Es hätte das Bewußtsein für gemeinsame Grundwerte gestärkt. Doch aus parteipolitischer Taktik wurde darauf verzichtet, wie auch die Aufnahme einiger idealistischer Grundsätze wie »Minderheitenschutz« diesem Kalkül auf Druck der CDU zum Opfer fielen. Die Führung der CDU/CSU-Fraktion wollte sogar verhindern, daß Mitmenschlichkeit und Gemeinsinn als Staatsziele in das Grundgesetz aufgenommen würden. Eine Initiative des SPD-Abgeordneten Elmer führte allerdings dazu, daß sich dann doch auch viele CDU-Politiker diesem Gedanken anschlossen.

Waren die Verfassungen der Länder, die später die Bundesrepublik bilden sollten, 1946 und 1947 noch von Versammlungen verabschiedet worden, die direkt vom Volk bestellt worden waren, und waren die Verfassungen dann durch Volksabstimmungen bestätigt worden, so setzte die Bundesrepublik nach der Vereinigung einen parteipolitisch besetzten Verfassungsausschuß aus 64 Personen ein, die je zur Hälfte aus dem Bundestag und dem Bundesrat entsandt wurden. »Das Volk ist frei geboren, ist frei und liegt doch überall in Ketten«, heißt es im Gesellschaftsvertrag von Jean-Jacques Rousseau. Heute sind die »Ketten« raffinierter, zumal sie dem Volk von Organisationen angelegt sind, die erst das Aufkommen der sozialen Demokratie ermöglicht haben und die natürlich niemand beseitigen will.

In Anlehnung an das berühmte Wort von Abbé Sieyès könnte man fragen: »Was ist das Volk? Alles! Was hat es zu sagen? Nichts!«[53], meint in diesem Zusammenhang der Verwaltungsrechtler und Parteienkritiker Hans Herbert von Arnim.

An Mut fehlt es nicht nur im Bundestag, sondern auch vielen Regierenden. Da hatte Bundespräsident Richard von Weizsäcker sich ausführliche Gedanken über das gemacht, was inzwischen in aller Munde ist und »Verdrossenheit« genannt wird: Politik-Verdrossenheit, Parteien-Verdrossenheit, Gesellschafts-Verdrossenheit. Abgesehen davon, daß hier auch wieder eine Schlagwortinflation stattgefunden hat – tatsächlich gibt es keine Politik-Verdrossenheit –, ist es ermutigend, wenn derjenige Politiker, der das ganze Volk vertritt, die Mißstände beim Wort nennt. Denn Richard von Weizsäcker hatte seine Gedanken nicht für sich behalten, sondern in einem Buch in Gesprächsform veröffentlicht. Und obwohl der Bundespräsident nichts sagte, was bisher nicht schon von vielen Politologen geschrieben und beklagt worden war, was selbst die meisten Politiker im Zwiegespräch zugeben, wurde seine Kritik von Kohl über Schäuble bis Klose und Rau zurückgewiesen als »ausgesprochen dünn« (Schäuble), »Maßlosigkeit« (Rau), die Kritik sei »nicht neu« (Blüm). Aber es gab auch bei Bedächtigeren wie Glotz, Biedenkopf, Hans-Jochen Vogel nachdenkliche Zustimmung.

Sicherlich hat diese offene und öffentliche Schelte von seiten des ersten Mannes im Staate bewirkt, daß die Parteien jetzt mehr auf das Wahlvolk zugehen, wie etwa mit der Kandidatenauswahl durch Parteimitglieder, mit der die SPD bundesweit angefangen hat, als sie Rudolf Scharping kürte, worauf die CDU auf Landesebene (etwa in Nordrhein-Westfalen) nachzog. Aber dies mag nur reine Kosmetik sein.

Es wäre ungerecht, alle Politiker in einen Topf zu werfen. Sicherlich zeigen Minister wie Norbert Blüm mit seiner Pflegeversicherung[54] und Horst Seehofer mit seiner Gesundheitsreform Mut. Sie setzen durch, was sie für die Gesellschaft als richtig erachten, ohne auf die Lobby allzu große Rücksicht zu nehmen. Allerdings war Norbert Blüm manchmal so weit, daß er sich fragte, ob er in dieser Bundesregierung verweilen sollte, falls er mit seinem Gesetz scheitere. Von Bundeskanzler Helmut Kohl bekam er – im Zwiegespräch – immer wieder Zustimmung, doch öffentlich wollte sich der Regierungschef nicht festlegen, obwohl er seinem Minister damit erheblich geholfen hätte.

Auch Oskar Lafontaine gehört zu denjenigen, die Themen ansprechen, wenn er sie für wichtig hält, ganz gleich, ob das seiner Partei oder nahestehenden Organisationen gefällt oder nicht. Für seine – berechtigte – Ansicht von der Neuverteilung der Arbeitszeit hat er von den Gewerkschaften seinerzeit fürchterliche Prügel bezogen.

Solidarität endet,
wo Macht beginnt

Einer Gesellschaft geht es wie ihren einzelnen Mitgliedern: Mal neigen sie eher zur Pflicht, mal eher zum Gefühl. Befindet sich das Gemeinwesen im Gleichgewicht, und stimmt die Mehrheit der Individuen dem zu, was ihnen an Werten am wichtigsten ist, dann stellen sich Ordnung und Zufriedenheit von allein ein.

»Das geht so weit«, schreibt Émile Durkheim in »Erziehung, Moral und Gesellschaft«, »daß diese Geisteshaltung so betont ist, daß sie ihren Einfluß nicht nur auf die Sitten ausübt, sondern auch auf die Künste und die Literatur, die auf ihre Weise die Moralverfassung des Landes ausdrücken. Solcher Art ist der charakteristische Zug von Jahrhunderten, wie das Jahrhundert von Ludwig XIV. oder das Jahrhundert des Augustus, wo die Gesellschaft sich selbst vollständig beherrschte.«[55]

Wenn sich aber eine Gesellschaft, wie etwa die in der Bundesrepublik, unsicher fühlt und im Wandel befindet, dann läßt mangels gesellschaftlicher Autoritäten das Pflichtgefühl nach. Wenn Werte sich ändern, kann die Moraldisziplin nicht ihre volle Wirkung ausüben, da das gesellschaftliche Ziel unklar ist.

Wenn die neuen Werte aber erst begründet werden müssen, dann müssen andere Fähigkeiten als die Pflicht im Volk geweckt werden. Den Mitgliedern der Gesellschaft müssen gemeinschaftliche Ziele vorgegeben werden, mit denen die Bürger sich und ihre Gesellschaft identifizieren können, und die Individuen sollten lernen, ein soziales Ideal zu akzeptieren, an dessen Verwirklichung sie arbeiten können. Das zu tun ist nicht leicht, und nicht immer bietet die Geschichte dazu entsprechende Möglichkeiten an. Und wer, wenn nicht die führenden Politiker, kann den Glauben an ein gemeinsames Ideal erwecken?

John F. Kennedy hat 1960 die Aufbruchsstimmung in der amerikanischen Gesellschaft mit seiner Forderung erreicht, nicht der einzelne, sondern die Gemeinschaft sei das Ziel jeden Strebens. Als im März 1990 die ersten freien Wahlen in der DDR ein Ergebnis hervorbrachten, das klar den Wunsch zur Einheit ausdrückte, haben die beiden deutschen Politiker versagt, die die Möglichkeit gehabt hätten, der westdeutschen Bevölkerung ein moralisches Ziel vorzugeben, das die Gesellschaft auf Jahre hinaus verändert hätte.

Alle wußten, daß die deutsche Einheit nur noch eine Frage von Monaten sein würde – und dies ein dreiviertel Jahr vor Bundestagswahlen. Diese Einheit, das war auch kein Geheimnis, würde Hunderte, wenn nicht gar Tausende von Milliarden Mark kosten. Bundeskanzler Helmut Kohl ver-

109

sprach »blühende Landschaften«, und keinem werde es schlechter gehen. Er fürchtete, wenn er Opfer forderte, würde er Wählerstimmen verlieren. Dagegen sah sein Herausforderer Oskar Lafontaine zwar die enorme finanzielle Last, sprach sie auch an – appellierte aber nicht an die Pflicht, warb also beim Volk nicht für die Verpflichtung, sich diese Last aufzubürden. Lafontaine glaubte vielmehr, dem Willen des Volkes eher zu entsprechen, wenn er eine langsamere Gangart bei der Vereinigung vorschlug.

Ich bin davon überzeugt, daß es ein großer Erfolg für denjenigen Politiker gewesen wäre, der im Frühjahr 1990, ähnlich wie Kennedy dreißig Jahre zuvor, vor die Westdeutschen mit den Worten hingetreten wäre: »Wir alle wollten die Wiedervereinigung. Wir haben sie bekommen. Jetzt sind alle verpflichtet, private Opfer zu bringen – für unser gemeinsames Ziel: ein neues Deutschland.« Als ich ein Jahr nach der Vereinigung mit einem langjährigen Mitglied aus Helmut Kohls »Küchenkabinett« darüber sprach, meinte mein Gegenüber, Umfragen hätten vorausgesagt, die Deutschen seien zu Opfern nicht bereit gewesen.

Darf Politik besonders in kritischen Zeiten so einfach sein? Umfragen bestätigen nur das Bestehende. Ein Appell an die Pflicht aber soll aufwecken und zu einer Veränderung des Verhaltens führen. So aber wird kein Risiko eingegangen, sondern jede Chance vertan.

Daß die Wähler politisch viel erwachsener sind, als Parteien und Verbände ihnen zutrauen, zeigt (einige Jahre später) eine Umfrage der Wochenzeitung »Die Zeit« über die Trends im Entscheidungsjahr 1994.[56] Danach würden die Bürger »mit großen, zum Teil erdrückenden Mehrheiten Opfer bringen«. In diesem Fall geht es nicht darum, die deutsche Einheit zu finanzieren, sondern die Arbeitslosigkeit zu verringern. 72 Prozent zeigen sich nach dieser Umfrage bereit, auf einen Teil ihres Lohnes zu verzichten, sogar 86 Prozent wollen dafür auch samstags arbeiten, und 69 Prozent akzeptieren eine Verkürzung der Arbeitszeit ohne Lohnausgleich. Dabei stellt sich heraus: »Wer wenig verdient, ist bereit, mehr zu arbeiten, wer gut verdient, denkt eher an Einkommensverzicht.«

In innenpolitisch schwierigen Zeiten scharen – wo es geht – politische Führer auch heute noch ihr Volk hinter sich, indem sie einen äußeren Feind vorgeben. Deshalb sind schon viele Kriege geführt worden, und deshalb wird es wohl – in anderen Teilen der Welt – immer wieder welche geben. Das Motiv bleibt das gleiche: Es soll beim Volk der Glaube an ein gemeinsames Ideal geweckt werden, das es zu verteidigen gilt. Nur lassen sich die aufgeklärten Bürger einer Demokratie glücklicherweise nicht mehr so leicht zu militärischen Abenteuern verführen wie einst.

Das Ziel einer großen Solidarität, eine gemeinsame Anstrengung des Volkes für das Wohl der

Gesellschaft, hätte den Deutschen höchstwahrscheinlich ein neues Gemeinschaftsgefühl vermittelt und in ihnen das Bewußtsein von Grundwerten statt Individualwerten geweckt. Doch Kohl wie Lafontaine sprachen eher den Egoismus derjenigen an, die für sie weniger Bürger als Wähler waren, also weniger Mitglieder einer Werte-Gemeinschaft als Entscheidende im Kampf der Parteien um die Macht.

Wem blühende Landschaften und »niemand soll es schlechter gehen« versprochen werden, der müpft auf, wenn er dann doch zahlen soll. Und was Oskar Lafontaine betrifft: Ein historischer Prozeß läßt sich nicht aufhalten, indem man erklärt, er sei zu teuer. Tatsächlich steckte hinter seinem Vorschlag einer langsameren Gangart wohl der von vielen Intellektuellen in Ost und West geteilte Wunsch, der DDR einen dritten Weg – zwischen Kapitalismus und Sozialismus – zu ermöglichen: einen Sozialismus in Freiheit. Das Volk im Osten wollte aber nur eines: in den blühenden Landschaften des Westens in der Sonne liegen. Hier wurde eine seltene politische Chance aus parteipolitischer Kurzsichtigkeit von den beiden führenden Politikern vertan, von denen der eine das Land politisch führte und der andere diese Führung übernehmen wollte.

Parteipolitik heißt heute Machtstreben oder -erhalt – und nicht viel mehr. Um die Macht zu erhalten, richten sich politische Entscheidungen nach »Machtfaktoren«, die in den wenigsten Fällen den Wähler selbst betreffen. Wenn Macht statt Inhalt wichtig ist, dann hat dies auch einen Einfluß auf die Personalrekrutierung. Denn dann ist Sachverstand nicht mehr so wichtig wie die Zugehörigkeit zu Seilschaften. Und das hat zur Folge, daß im Bundestag immer weniger Fachleute für die Parteien sprechen: Die CDU verfügte über keinen Abgeordneten mit wirtschaftspolitischem Fachwissen und wählte deshalb einen Juristen zu ihrem wirtschaftspolitischen Sprecher, der sich in seiner politischen Karriere in der Bundespartei zuvor mit Studentenpolitik befaßt hatte, sich aber in einem wirtschaftsnahen Beruf nicht auskannte. Bei der SPD ist es nicht viel anders. In der CDU/CSU-Fraktion gibt es weder einen Fachmann für Steuerfragen noch einen für Wohnungsbau. Trotzdem wird jede Gehaltserhöhung für Abgeordnete damit begründet, sie sei notwendig, um die entsprechenden Fachleute zu gewinnen.

Die Zugehörigkeit zur politischen Clique ist heute für den politischen Aufstieg Grundvoraussetzung. Ein erfolgreiches Beispiel für Karriere und Wirkungsmechanismus einer Seilschaft mit der Führung eines Feudalherrn ist der Clan, den Helmut Kohl schon in Rheinland-Pfalz zusammenband. Nach seinem Wechsel nach Bonn als Oppositionsführer und später als Kanzler konnte er sich weit über seine ursprüngliche Clique hinaus ein Netzwerk aufbauen. Dabei gilt, daß bereits ein einmaliges Ausscheren mit Verstoß geahndet wird. Viele hat Kohl mitgezogen, doch die meisten sind wegen ihrer Mittelmäßigkeit wieder zurückgefallen. Einer aber hat es geschafft: Roman Herzog, den Kohl 1973 an der Verwaltungshochschule in Speyer »entdeckte« und später zum rheinland-pfälzischen Vertreter in Bonn ernannte. Einundzwanzig Jahre später verhalf ihm Kohl zum besten Posten der Republik: dem Amt des Bundespräsidenten. Bei den Seilschaften geht es nun einmal um Positionen; innerhalb des Clans wird nicht programmatisch diskutiert, sondern propagandistisch – nämlich über die Eignung bestimmter Standorte und Personen und wie man mit einem guten Medienecho populistische Erfolge erzielt.

Als »Beute der Parteien« für Klüngel und Versorgungsansprüche dient auch das im Juni 1994 neu gewählte Europaparlament.[57] Während in Frankreich führende Politiker vom ehemaligen Staatspräsidenten Valéry Giscard d'Estaing bis hin zu den ehemaligen Premierministern Laurent Fabius oder Michel Rocard für diese Institution kandidierten, schiebt Bonn nach Straßburg ab, für wen ein Pöstchen gesucht wird. Irgendeiner ist am Ende dann doch der Dumme, der es im parteipolitischen Sinn auch nicht besser verdient hat; er hätte darauf achten müssen, daß seine Seilschaft noch funktioniert.

In Rheinland-Pfalz mußte der bisherige CDU-Landesvorsitzende Werner Langen aus dem Weg – also kam er auf Platz eins der Europaliste. Gekippt wurde statt dessen Egon Klepsch, der zwar bisher Präsident dieses Parlaments war, doch fehlte ihm die nötige Hausmacht. Er erfuhr von seinem Unglück zufällig durch Journalisten! Bei der SPD mußte der Cochemer Bundestagsabgeordnete Ralf Walter seinen Listenplatz in Bonn abgeben, weil der Kanzlerkandidat seiner Partei, Rudolf Scharping, das Bundestagsmandat benötigte. Walter wird – finanziell steht er nicht schlechter da – ins Europaparlament »versetzt«, verdrängt damit aber Kurt Vittinghoff, der dort bisher – Europa-übergreifend sehr wichtig – die Gewerkschaftstradition der SPD vertreten hat.

Weil die Parteien inzwischen ganz ungeniert das Monopol der Macht beanspruchen, schrecken sie nicht davor zurück, den verfassungsrechtlichen Grundsatz der Gewaltenteilung auszuhöhlen. Selbst Institutionen, die staatsfern geplant wurden, ziehen sie in den parteipolitischen Postenschacher mit hinein, wenn es sich um Institutionen handelt, die für den Machterhalt wichtig sind. Es ist verwunderlich, daß Regierungsmitglieder gleichzeitig im Bundestag sitzen, dessen Aufgabe es doch ist, die Exekutive zu kontrollieren. In den USA ist das rechtlich unmöglich; in Frankreich muß, wer regieren will, sein Mandat niederlegen. So wird es in den meisten Demokratien gehandhabt, die sich an Montesquieus

Dreiteilung der Gewalten halten. In Deutschland ist das nicht der Fall.

Man fragt sich, ob es damit zu tun hat, daß ein Abgeordneter ordentliche Diäten erhält, die einem Ministergehalt aufgeschlagen werden. Schon aus einem ganz banalen Grund ist die deutsche Regelung fragwürdig: Niemand kann zur gleichen Zeit an zwei Orten sein. Ein Minister kommt deshalb nur dann in den Bundestag, wenn er dort als Regierungs- oder Parteimitglied zu tun hat, keineswegs aber, weil er als Abgeordneter agieren will.

Die Auseinandersetzung um die Wahl von Herta Däubler-Gmelin in das Bundesverfassungsgericht hat gezeigt, daß auch die Rechtsprechung von parteipolitischen Machtinteressen nicht frei ist. Allerdings verwundert das niemanden mehr, da es längst bekannt und alltäglich ist.

Und nicht nur die öffentlich-rechtlichen Rundfunk- und Fernsehanstalten stehen unter parteipolitischem Einfluß – die privaten Sender noch stärker, weil sich der private Durchgriff leichter »organisieren« läßt. Das ist auch ein wichtiger Grund, weshalb die CDU sich so konsequent für die Einführung des Privatfernsehens, wie es in Deutschland nun existiert, eingesetzt hat. Eine regelmäßige Sendezeit für den CDU-Bundeskanzler bietet SAT. 1, was einem SPD-Kanzler wahrscheinlich versagt bliebe; aber der ließe sich bei RTL unterbringen. Als die SPD in Düsseldorf eine Kandidatenbefragung vor der Abstimmung über den neuen Parteivorsitzenden im Frühjahr 1993 durchführte, forderte ein zuständiger SPD-Medienpolitiker von der ARD eine Direktübertragung. Vom WDR wurde er abschlägig beschieden. RTL war gefälliger und übertrug. (Und dann schloß sich der WDR mit seinem Dritten Fernsehprogramm doch an.)

In öffentlichen Verwaltungen und in den Ministerien werden einige Spitzenpositionen rechtlich korrekt mit »politischen« Beamten besetzt. Sie können jedoch ohne Angabe von Gründen in den einstweiligen Ruhestand versetzt werden. Dafür ausschlaggebend ist, daß sie in einem besonderen Vertrauensverhältnis zu dem jeweiligen Minister stehen müssen. Diese Regelung ist verständlich. Aber die parteipolitische Besetzung beginnt lange vorher. Diese Ämterpatronage verstößt nach Ansicht von Professor von Arnim gegen die Artikel 3 III, 33 II und V des Grundgesetzes.

In welche beruflichen Gefahren sich aber derjenige begibt, der keine Parteiprotektion besitzt, sondern sich in der Verwaltung dem Gemeinwohl und der Gerechtigkeit verpflichtet fühlt, erfährt er spätestens dann, wenn er gegen Parteiinteressen verstößt. So fielen durch reinen Zufall dem Leiter der Bonner Steuerfahndung, Klaus Förster, Ende der siebziger Jahre Unterlagen in die Hände, die zu einem der größten parteipolitischen Skandale in der Geschichte der Bundesrepublik führten: die Parteispendenaffäre. Die Bundestagsparteien hatten die von ihren Fraktionen beschlossenen Parteifinanzierungsgesetze kaltschnäuzig umgangen. Klaus Förster ließ nicht locker, tat seine Pflicht und löste damit die Lawine des Flick-Skandals aus, in den alle etablierten Parteien verwickelt waren. Der Beamte hätte einen Orden bekommen müssen, weil er sich um die Demokratie verdient gemacht hat, doch statt dessen erntete er so viel Mißgunst und wurde in seinem Arbeitsbereich so unter Druck gesetzt, daß er schließlich aus dem Amt schied.

Von Arnim: »Wer Mängel der Parteipolitik kritisiert, muß gewärtigen, daß sich das Spezialwissen der Politiker im Bekämpfen politischer Gegner gebündelt gegen ihn kehrt . . .«[58]

Das Medium, so bestätigt sich die These, wird für Politiker immer häufiger zur ausschließlichen Mitteilung ihrer selbst. Gott sei Dank ist man in Deutschland noch nicht so weit, daß es auch hier den – besonders in Frankreich vorkommenden – »Betroffenheitspolitiker« gibt.

Das typischste Beispiel dafür ist Bernard Kouchner, Arzt und Gründer der auf humanitärem Gebiet Hervorragendes leistenden Organisation »Médecins du Monde«. Weil er wegen seines menschlichen Einsatzes ein moralisches Aushängeschild für die belastete Politikerklasse darstellt, wurde er von den Sozialisten für kurze Zeit in die Regierung aufgenommen, um mit seiner Glaubwürdigkeit auf diejenigen abzustrahlen, die längst unglaubwürdig geworden sind.

Die Medien flogen auf diesen neuen Politstar, der scheinbar mit eigenem körperlichem Einsatz die Menschenrechte in alle Welt trug. Und Kouchner wurde durch die Aufmerksamkeit, die ihm die Politik schenkte, korrumpiert. Wieviel ehrlicher und bescheidener verhielt sich doch dessen deutsches Pendant Rupert Neudeck. Kouchner aber sonnte sich im Glanz der Medien und wurde zu einer Art Minister für Betroffenheit. Wo immer in der Welt ein Unheil geschah, Menschen hungerten, getötet wurden, Unglücke passierten, überall dort trat er entsprechend gekleidet (Schußweste in Sarajevo, Tropenkleidung in Somalia) vor den mitgebrachten Kameras auf und verbreitete – ja eben: Betroffenheit. Bald war er in den Umfragen der populärste Minister Frankreichs. Sein Auftreten wirkte so, als sei sein Handeln moralisch, und damit auch das Handeln der wegen vieler Finanzskandale als korrumpiert angesehenen Regierung.[59]

Aus Amerika stammt die Forderung: »Moral in der Politik!« Aber damit ist nicht Ethik gemeint, also der Wille, gut zu handeln, sondern Moralisieren, nämlich der Wille, gut zu scheinen. Und weil alles, was von »drüben« kommt, auch in Europa landet, ist »moralisieren« in der Alten Welt modern, denn Politiker glauben, damit jene verlorengegangene Glaubwürdigkeit wiederzuerlangen. Tatsächlich verfängt dies auch zum Teil. Allerdings wird, was zu häufig platt wiederholt wird, bald zur erkennbaren Schablone.

Jedesmal wenn in Deutschland ein Brandanschlag wieder Leben gekostet hat, dann beklagt, wer sich äußert, den »feigen Mord« und fügt noch ein paar triefende Floskeln hinzu. Und wir senden es.

Allerdings fällt es mir immer schwerer, diese leeren Worte zu hören, weshalb ich nach dem Brandanschlag in Solingen zu einem »Bericht aus Bonn« moderierte: »Trotz der schweren Bedeutung dieses Brandmordes an fünf Mitbürgern haben sich in Bonn die politischen Leitfiguren heute, am Pfingstsamstag, mit öffentlichen Bekenntnissen vornehm zurückgehalten. Appelle, Beileidstelegramme und Erklärungen gab es dagegen in Hülle und Fülle. Auch Bundeskanzler Helmut Kohl hat sich in einem Telegramm an den türkischen Staatspräsidenten Demirel tief erschüttert gezeigt. Die Verantwortlichen würden mit allen gesetzlichen Mitteln aufgespürt und vor Gericht gestellt. An den Bonner Reaktionen kann man lernen, daß zu häufig verwandte Floskeln eine große Leere herstellen.«

Natürlich ist betroffen, wer mit einem Unglück, einem Mordanschlag, einer persönlichen Katastrophe konfrontiert ist, der Politiker wie der Fernsehmoderator und seine Zuschauer. Aber solch eine Tat einen »feigen« Mord zu nennen – was heißt hier eigentlich »feige«? Gibt es denn einen »mutigen« Mord? – reicht nicht aus. Nur die wenigsten Mandatsträger handeln, wie es der ehemalige Bundespräsident von Weizsäcker anläßlich der Demonstration in Berlin für die Würde des Menschen getan hat. Bundeskanzler Helmut Kohl nahm dagegen noch nicht einmal an der Trauerfeier für die fünf Toten aus Solingen teil.

Weil Betroffenheit moralisch wirkt und moralisch modern ist, wenden jüngere Politiker sie gern an. Gerade Minister wie Volker Rühe oder Klaus Kinkel sind qua Amt für Probleme zuständig, die – wegen der jammervollen Schicksale in Fernsehberichten – im Volk große Betroffenheit hervorrufen: Somalia, Jugoslawien, Ruanda ... Besonders die menschlichen Tragödien in Bosnien haben die Bürger in großen Zwiespalt gestürzt, weil sie wollten, daß dieses Morden irgendwie beendet werde. Wie? Die einen waren plötzlich für ein militärisches Eingreifen, andere zweifelten. Sowohl Rühe als auch Kinkel mußten sich manchmal täglich unseren Fragen stellen:

»Was fühlen Sie, wenn Sie diese Bilder sehen?«

Die Antworten zeigten glaubhafte Betroffenheit.

»Was tun Sie?«

Und hier antworteten Rühe und Kinkel, wie es Politiker der Generation vor ihnen – etwa Genscher oder Stoltenberg – nie getan hätten. Sie sagten nach manch einer gescheiterten NATO-Sitzung: »Ich weiß es nicht.«

Und Kinkel fügte sogar einmal hinzu: »Ich bin hilflos.« Im Auswärtigen Amt schlugen die Diplomaten die Hände über dem Kopf zusammen ob soviel Offenheit. Allerdings: Kouchners sind beide nicht.

In Deutschland wird der »Betroffenheits-Tourismus« auch längst nicht so übertrieben wie in Frankreich. Wer sich dort als Politiker bei den Wählern als »moralisch« anbiedern will, der ist – wie François Mitterrand als erster, dann François Léotard, Jack Lang, Valéry Giscard d'Estaing und andere – nach Sarajevo gefahren, der ist, von Photographen und Fernsehteams begleitet, einige Stunden durch die Stadt gelaufen und hat sich »betroffen« gezeigt.

Den ehemaligen Bundeskanzler Helmut Schmidt hat diese Entwicklung zu einer Mahnung an die Bonner Politiker veranlaßt, die leider nicht von allen erhört wird: »Wendet euch wieder ab vom Jahrmarkt der Eitelkeiten, den ihr im Fernsehen veranstaltet. Das Publikum will zwar unterhalten sein, aber von euch will es vor allem hören, was ihr denkt, was ihr wollt – nicht, was ihr denkt, daß die Leute gerne hören ... Sondern Vertrauen erweckt ihr durch die Klarheit eurer Überzeugungen und Gedanken, durch die Festigkeit und Stetigkeit, mit der ihr sie vertretet, und durch persönliche Zuverlässigkeit.«[60]

❖

Wer einmal eine Position innehatte, dann aber in Pension ging oder aus dem Amt schied, der redet hinterher häufig offener und ehrlicher über die Fehler der Institutionen als zuvor. So haben manche Politiker, wie etwa Lothar Späth, offen beklagt, daß Regierungsentscheidungen nur in seltenen Fällen nach den tatsächlichen Notwendigkeiten gefällt werden, sondern in Abwägung mit der Lobby, den einzelnen Machtgruppen.

Ein gutes Beispiel dafür ist das scheinbar sinnvolle Duale System, mit dem das Übermaß an Abfall in Deutschland entsorgt werden soll. Es ist nichts als ein großer Betrug. Darüber klagen sogar viele Unternehmer. Die Haushalte selbst sammeln fleißig – und verstehen die Welt nicht mehr. Denn das Duale System führt nicht zu dem gewünschten Ziel, die Umwelt zu entlasten, sondern es schafft nur eine neue Industrie. Die verschlingt enorme Kosten und belastet wiederum die Natur, weil sie viel Wasser und Energie benötigt, um den Müll zu beseitigen. Der Vernunft entspräche es hingegen, diese Abfälle gar nicht erst entstehen zu lassen. Damit wäre der Umwelt gedient.

»Mein Wohl statt Gemeinwohl«

Das Volk ist in einer demokratischen Gesellschaft der Souverän. Doch im Parteienstaat steht das nur noch auf dem Papier. Das Volk darf alle paar Jahre wählen gehen. Aber wenn ihm mißfällt, was die Parteien in der Zwischenzeit mit der Macht anstellen, kann es höchstens bei der nächsten Wahl, vier oder fünf Jahre später, als Strafe eine andere Partei wählen. Doch da die »andere« Wahlmöglichkeit meist auch nicht besser ist, bleibt der Bürger entmündigt, zumal er aufgrund der Listenwahlen kaum bestimmen kann, welche einzelne Person er im Parlament sehen will. Die Vorauswahl wird von Parteiseilschaften getroffen. Der Wähler entscheidet am Ende nur darüber, wie groß die einzelnen Fraktionen sein werden, nicht aber, ob ein Machtpolitiker oder ein dem Gemeinwohl verpflichteter Abgeordneter ihn vertritt.

In den östlichen Bundesländern sind die Bürger vierzig Jahre kommunistische Diktatur und den Einparteienstaat gewohnt, von der westlichen Demokratie hatten sie nur eine idealisierte Vorstellung. Sie glaubten, daß das, was eine Partei im Programm vorgibt, auch das Ziel der Politiker dieser politischen Organisation sei.

Nach der Kommunalwahl in Brandenburg im Dezember 1993 bestand die Fraktion der CDU in dem Ort Eberswalde aus sechs Abgeordneten, die frohen Mutes angetreten waren, »um das Schiff einer mittelgroßen Stadt sicher durch diese schwierigen Zeiten schiffen zu helfen«, wie es der Eberswalder CDU-Abgeordnete Andreas Kiersten ausdrückte.[61] Kiersten trat schon kurz nach der Wahl, noch im Dezember, aus der CDU aus. Im März folgten die fünf weiteren Mitglieder der CDU-Fraktion, die sich damit auflöste. Die sechs Politiker, die ihre kommunalpolitische Verantwortung für die Stadt nicht abgaben, warben bei ihren Wählern um Verständnis für diesen Schritt – und offenbar so überzeugend, daß zwanzig weitere Christdemokraten die Eberswalder CDU verließen. Sie wandten sich gegen »die fortgesetzte Mißachtung der realen Situation in den Basisgruppen der CDU durch den Landesvorstand, namentlich den Generalsekretär Klein und die dominanten Mitglieder des Kreisvorstandes Barnim«.

Mit dieser Erklärung trat Fraktionschef Christoph Scholz an die Öffentlichkeit: »Gerade die Geschichte unseres leidgeprüften deutschen Vaterlandes hat uns gelehrt, daß jeder einzelne beständig im Licht zu bleiben habe, den eigenen moralischen Grundsätzen im politischen Handeln mehr zu gehorchen als der Willkür einzelner Repräsentanten einer Partei. Nach unseren Erfahrungen und Einsichten stehen deren Reden und Wirken längst nicht mehr mit den programmatischen Grundsätzen der CDU im Einklang.« Man kann nur hoffen, daß Politiker in den östlichen Bundesländern sich diese Grundsätze erhalten – und danach leben.

Gerade in der Kommunalpolitik haben Parteipolitiker die Macht in einer Weise an sich gerissen, die mit der Idee von Demokratie und der Übernahme von Verantwortung für die Gesellschaft nicht mehr übereinstimmt. Mit Absprachen, die sogar in Vertragsform niedergeschrieben werden, konterkarieren kommunale Cliquen die Wahlen. So haben CDU, SPD und F.D.P. im Landkreis Hannover die wichtigsten Wahlbeamtenstellen bis weit über das Jahr 2000 hinaus untereinander aufgeteilt – ganz gleich, wie die Bürger bei den zukünftigen Wahlen abstimmen.[62] Mehr als eine halbe Million Menschen wohnen in diesem Kreis, der über einen Jahresetat von rund einer Milliarde Mark verfügt.

Länger als zwanzig Jahre führte ein SPD-Mann, Oberkreisdirektor Herbert Droste, die Verwaltung. Um nun dessen Wiederwahl 1990 zu sichern, schlossen SPD, CDU und F.D.P. einen Vertrag, wonach sie mehrere Posten über die kommenden drei Wahlperioden hinaus unter sich verteilten. Laut Vertrag, der grundsätzlich rechtswidrig ist, darf der SPD-Mann Droste noch bis zum 31. Mai 1996 im Amt bleiben, tritt dann »freiwillig« in den vorgezogenen Ruhestand und wird von einem CDU-Mann abgelöst. Die F.D.P. bekam bei dieser Pfründenverteilung zwei der zwölf Dezernentenposten auf Dauer zugesprochen. Alle hatten etwas davon – nur nicht die Grünen, die im Kreistag gleich stark wie die F.D.P. vertreten waren. Die CDU hatte gerade eine Stimme mehr als die SPD. Wäre es nun zu offenen Abstimmungen über die Besetzung der Posten gekommen, hätten die Grünen mitentscheiden können.

Ganz unverfroren heißt es in dem Postenverteilungsvertrag: »SPD-Fraktion und CDU-Fraktion erkennen gegenseitig für die Zukunft an, daß beide Fraktionen jeweils mindestens zwei Wahlbeamte stellen werden ... Die Unterzeichner erkennen durch ihre Unterschriften die vorstehende Vereinbarung für sich und ihre Nachfolger über die laufende Wahlperiode hinaus als bindend an.«

So wird der »unberechenbare« Wähler ausgeschaltet, was der SPD-Bezirkschef Heinrich Aller bedenkenlos begründet: »In solchen Spitzenpositionen halte ich Stabilität für notwendig, weil die veränderten Mehrheiten in den Vertretungskörperschaften auch Zufallsentscheidungen Tür und Tor öffnen.«

Demokratische Abstimmungen sind also Zufallsentscheidungen! Diejenigen, die das Abkommen aushandelten, werden sich nach der Kommunalwahl im Oktober 1991 die Hände gerieben haben. Denn die rechtsextremen Republikaner und eine kleine Wählergemeinschaft schafften den Sprung in den Kreistag, was zu »unübersichtlichen Mehrheitsverhältnissen« führte. Da ist Parteipolitikern undemokratische Klarheit lieber. Für einen Ostdeutschen ähnelt dies jenem Einparteien-Prinzip, unter dem er lange genug gelitten hat. Mit Tugenden wie Gerechtigkeit und Verantwortung für die Gesellschaft hat solches Handeln nichts zu tun.

Politiker sind Vorbilder, die nach ethischen Gesichtspunkten auf ihre Ämter eingeschworen werden, und häufig wird dabei das Wohl des Volkes hochgehalten. Politiker sind nicht nur Vorbilder, sie sind auch Machthaber, öffentlich die sichtbarsten und diejenigen, die am häufigsten der Öffentlichkeit inhaltliche Themen erklären sollten. Wem es aber um ethische Fragen, um grundsätzliche Inhalte geht, der ist »ein äußerst störendes Element«, wie die Soziologen Erwin und Ute Scheuch in einem Thesenpapier zur strukturellen Erneuerung der politischen Führung[63] schrieben. Diese Arbeit wurde von der nordrhein-westfälischen Wirtschaftsvereinigung der CDU gedruckt, wegen des für alle Parteien aber katastrophalen Inhalts zurückgezogen – und erhielt dadurch besondere Aufmerksamkeit in den Medien.

Der Verfall der beiden großen Volksparteien hat damit zu tun, daß die Inhalte den führenden Politikern weniger wichtig sind als populistische Ziele. Vielen Politikern, die heute direkt nach der Fach- oder Hochschulausbildung in den »Beruf« wechseln, geht es primär um die Berufssicherung, wenn nicht gar um »Vorteilsnahmen«.

Um sich abzusichern, müssen sie Cliquen angehören, die nach ähnlichen Strukturen funktionieren wie einst Feudalsysteme. In Köln, so veröffentlichten die Scheuchs, werden regelrechte Verträge geschlossen, wer in welcher Reihenfolge Zugriff auf welche Ämter und sonstige Vorteile haben soll – und das notariell beurkundet! In der Kölner CDU verpflichteten sich die vertragsschließenden Parteien (zwei Gruppen in der CDU), andere als die abgesprochenen Bewerber um die Vorstandsposten von einer Kandidatur abzuhalten. Da fragt man sich, weshalb Delegierte so etwas mit sich machen lassen.

Als bei einem Kreisparteitag der CDU die Kandidaten für die Wahlen 1989 aufgestellt wurden, gab es eine Überraschung, weil der Vorstand nicht den bisherigen Inhaber von Platz fünf auf der Landesliste, den früheren Fraktionsgeschäftsführer Meyer, aufstellte, sondern eine andere Kandidatin. Meyer wandte sich an den Parteitag mit der Klage, man habe ihn »zum freiwilligen Verzicht« nötigen wollen. Und zwar wurde ihm am Tag vor der Abstimmung angedroht, falls er auf dem Listenplatz bestehe, werde er seine mit 95 000 DM dotierte Stellung als Geschäftsführer der Laurentius-Gesellschaft verlieren. Auf die Besetzung dieses Postens hat die Partei Einfluß, da es eine Tochterfirma der Stadtsparkasse ist, die Wohnungen verwaltet. Als Meyer nicht mitspielen wollte, wurde ihm der Posten eines Vorsitzenden der Gesellschaft mit einem Jahresgehalt von 165 000 DM angeboten. Auch damit ließ sich Meyer nicht bestechen: Er kandidierte und verlor. Nur ein Drittel der Delegierten stimmte für ihn. Der Grund für das schlechte Abschneiden war schnell gefunden. Alle Ortsvereine waren in monatelangen Kungelgesprächen auf ein Personalpaket eingeschworen worden, bei dem jedem irgendein Vorteil versprochen worden war.

Nicht nur, daß sämtliche Behördenleiter und Dienststellenchefs in Köln (wie sicher auch anderswo), weit über sechzig Positionen, unter den Parteien aufgeteilt werden, auch die »Vorteilnahme« der ehrenamtlichen Stadtverordneten wird arrangiert. Das muß man sich so vorstellen: In den siebziger Jahren führten zwei Stadtverordnete, von Beruf Architekten, Beschlüsse herbei, wonach jeder seinen Anteil bei Großaufträgen erhielt. Der CDU-Stadtverordnete baute das 43 Stockwerke hohe Uni-Center, der SPD-Stadtverordnete das gegenüberliegende Hochhaus für die Justiz. Im Wahlkampf hatte die SPD die Wohnungsnot beklagt und versprochen, sie zu lindern: mit der Satellitenstadt Mengenich, während die CDU die Satellitenstadt Neubrück vergeben konnte.

Selbst wenn die Stadt Köln vor Gericht zieht, wird sie das eine Mal von einer Kanzlei vertreten, die der CDU nahesteht, das andere Mal von einer SPD-nahen. Glücklicherweise, werden die Parteimatadore sagen, liegt Köln am Rhein und führen Brücken über diesen vielbesungenen Strom. Diese Brücken werden »umschichtig« gestrichen, mal von einer Firma, deren Miteigentümer ein SPD-Politiker ist, mal von einem Unternehmen, dessen Prokurist die CDU als Stadtverordneter vertritt.

Am besten geht es verdienten Parteipolitikern, wenn sie ihr Amt aufgeben und versorgt werden müssen. Dazu stehen Vorstandsposten zur Verfügung, über die die Lokalpolitiker bestimmen können: denn es sind privatrechtlich verfaßte Betriebe für städtische Dienstleistungen. In Köln wurde der ehemalige CDU-Fraktionsgeschäftsführer Friedel Haumann Vorstand bei den Verkehrsbetrieben mit einem Jahresgehalt von über 350 000 DM – mehr als der Bundeskanzler erhält. In der Kommune verdient man eben besser als im Bund. Und die Begründung ist immer die gleiche: Qualifizierte Leute kommen nur, wenn man ein hohes Gehalt zahlt!

Wer diese Ausrede ernst nimmt, der wird es schwer haben nachzuweisen, daß gerade diese Kommunalpolitiker besonders befähigt sind. Für das amtsmüde SPD-Pendant zu Haumann wurde – mit Zustimmung der CDU – der Vorstandsposten einer Gesellschaft, die Gas und Wasser verteilt, ausgeguckt.

»So wie das real existierende politische System auf der Ebene der Gemeinden und Kreise sich entwickelte«, so die Scheuchsche Analyse, »muß es mit einer Lebenslüge leben: daß Politik ein Ehrenamt sei, bei dem die Amtsinhaber als Vertreter der Bevölkerung der Verwaltung Aufträge erteilen und deren Ausführung ggf. kontrollieren.«

Immer wieder gibt es Politiker, die dieses Spiel aus moralischen Gründen nicht mitmachen wollen. So beschloß auch der CDU-Kreisparteitag vor einer Kommunalwahl, in Zukunft Opposition zu betreiben und sich an den Absprachen mit der SPD nicht mehr zu beteiligen. Doch schon beim ersten Parteitag nach der Wahl wurde den Delegierten mitgeteilt, die Fraktion habe die Kartellabsprachen mit der SPD wieder unterschrieben. Denn sonst würde die CDU keinen der Posten erhalten. Und so geht das Treiben munter weiter.

Diesen Verhältnissen Widerstand entgegenzusetzen ist schwierig, denn die Parteien beherrschen nicht nur den Staat, sondern wirken auch in Wirtschaft und Kulturbereiche hinein. Trotzdem regt sich Protest. Die Frage ist nur, mit welchem Erfolg?

In Hamburg hat die CDU fünfunddreißig Jahre lang Kandidaten für Bezirks- und Bürgerschaftswahlen in einem Verfahren aufgestellt, das dem SED-Blockwahlsystem ähnelte. Die anderen Parteien in der Hamburger Bürgerschaft haben dieses Verhalten stillschweigend geduldet. Damit war sichergestellt, daß von der politischen Führung ungeliebte Kandidaten keine Chance hatten. Dagegen hat das damalige CDU-Mitglied Markus Wegner beim Hamburger Verfassungsgericht mit dem Erfolg geklagt, daß die Wahl 1993 wiederholt werden mußte. Wegner selbst kandidierte mit der von ihm aus Protest gegründeten STATT Partei und kam auf Anhieb über die Fünf-Prozent-Hürde. Besonders in CDU-Hochburgen fand er regen Zuspruch. Seine Wähler gaben vor, für ihn gestimmt zu haben, weil er *kein* Wahlprogramm habe und deshalb auch keine leeren Versprechungen machen könne. Doch der Protest bleibt ein einmaliger, spektakulärer Akt, selbst wenn in der ganzen Bundesrepublik nun STATT Parteien aus der Erde schießen, sich selbst zerstören und wieder eingehen.

»L'État c'est moi«, der Staat, das bin ich, sagte der Sonnenkönig Ludwig XIV. auf dem Höhepunkt des Absolutismus, ließ sich das schönste Schloß der Welt in Versailles bauen und lebte in Saus und Braus. Der Staat, das sind wir, nach diesem Motto handeln heute die etablierten Parteien in der Bundesrepublik und leben in Saus und Braus. Ganz wie es der Karikatur einer Bananenrepublik entspricht, haben die Parteien das Gemeinwohl vergessen, verdrängen sie den Gedanken, daß jeder Steuergroschen von den Bürgern erarbeitet werden muß.

Als die Bundesrepublik gegründet wurde, gingen die Verfassungsväter davon aus, daß die Parteien sich durch Mitgliedsbeiträge, Spenden und andere private Quellen finanzieren würden. Deshalb schrieben sie in das Grundgesetz nur die unscharfe Formulierung, die Parteien sollten über die Herkunft ihrer Mittel Rechenschaft ablegen, damit der Wähler wisse, welcher Geldgeber hinter welcher Partei steht.

Es gingen nur zehn Jahre ins Land, und schon griffen die Parteien ungeniert in den Bundeshaushalt. Bisher waren auf diese Idee nur Parteien in Costa Rica und in Argentinien verfallen. Für Europa war es eine Premiere, und es dauerte eine ganze Weile, bis die deutschen Parteien ihren Schwestern in der EG das Modell weiterreichten. Der Griff in die Steuerkasse wurde so unverschämt, daß schließlich das Bundesverfassungsgericht 1966 versuchte, diesem Treiben Grenzen zu setzen. Nur Wahlkampfkosten dürften erstattet werden.

Das geschieht nun so üppig, daß Wahlen – besonders eine billige Europawahl – ein Geldsegen sind, mit dem Parteien ihre aufgelaufenen Schulden abtragen können. Da das Bundesverfassungsgericht aber nur die direkte Parteienfinanzierung monierte, konnte die indirekte weiterwuchern: durch die Gelder an Hilfsorganisationen der Partei, an Fraktionen und Parteistiftungen. Für sie gelten weder Grenzen noch Pflichten zur Offenlegung. Die Zuwendungen für die Bundestagsfraktionen sind nach dem Urteil des Verfassungsgerichts von 1966 bis 1992 um das Zweiunddreißigfache gestiegen und für die Stiftungen um das Siebenundvierzigfache! Da kommen jährlich Hunderte von Millionen Mark zusammen, die es den Parteien ermöglichen, riesige

Hierarchien neben der öffentlichen Verwaltung aufzubauen – Hierarchien, die zur politischen Misere in Deutschland beitragen.[64]

Im Ausland gibt es wenige Länder, in denen die Parteien so ungehemmt sich selbst finanzieren können. In den USA und England ist mit dem Mehrheitswahlrecht jeder einzelne Abgeordnete persönlich verantwortlich und kann so auch leichter sanktioniert werden. In beiden Ländern wird das Volk von den Parteien weit weniger entmündigt. In Frankreich wurde, nach deutschem Muster, die Parteienfinanzierung eingeführt, als es für die Wahl von 1988 auch ein Verhältniswahlrecht gab. Anlaß für die staatlichen Gelder (weit geringer als in der Bundesrepublik) war auch der hohe Grad an Korruption von Politikern, die sich auf illegale Weise Wahlkampfgelder aus der Privatwirtschaft besorgten.

In Deutschland hat das Bundesverfassungsgericht zwar die staatliche Parteienfinanzierung 1992 erneut für weitgehend verfassungswidrig erklärt, doch das daraufhin neu erarbeitete Gesetz war wieder so »günstig«, daß Bundespräsident von Weizsäcker es nur mit erheblichen Bedenken unterzeichnete. Wie recht hatte doch der weise Konfuzius, der seine Ethik und Staatslehre nicht auf Gesetze baute! Denn Gesetze, so wußte er schon vor 2500 Jahren, dienen nur dazu, einen Weg zu finden, wie man sie umgehen kann.

Wer mit fremdem Geld so freigebig verfährt, als habe er einen Anspruch darauf, verliert das Maß. Nicht nur die Parteien greifen tief in den Steuersäkkel, um parteipolitisch arbeiten zu können, auch die Mandatsträger haben sich selbst nach dem Motto »Mein Wohl statt Gemeinwohl« kräftige Diätenerhöhungen genehmigt und – besonders diskret – hohe Zusatzleistungen. Einige krasse Fälle sind in den letzten Jahren mit Hilfe des Speyrer Verwaltungsrechtlers von Arnim, der im Auftrag des Bundes der Steuerzahler gutachtete, aufgedeckt worden.[65] Dabei fällt auf, daß alle etablierten Parteien – also CDU bzw. CSU, SPD und F.D.P. – zusammenwirken und die Änderungen entweder im Schnellverfahren durchziehen oder so verklausuliert, daß es möglichst niemand entdeckt, besonders nicht die Medien.

In solch einem Schnellverfahren peitschte der Wiesbadener Landtag im Februar 1988 saftige Diätensteigerungen, hohe steuerfreie Zusatzleistungen und unerlaubte Doppelbezüge durch. Die hessischen Abgeordneten begründeten die Erhöhungen damit, sie seien das finanzielle Schlußlicht der Landtage, dabei übernahmen sie die einsame Spitze, teilweise noch vor den Bundestagsabgeordneten. Nach der Veröffentlichung des vernichtenden Gutachtens von Professor von Arnim, mußten Präsident und Vizepräsident des Landtages zurücktreten, das Gesetz wurde zurückgenommen.

Noch raffinierter benahmen sich 1991 die eta-

136

blierten Fraktionen der Hamburger Bürgerschaft, das letzte deutsche Feierabend-Parlament. Dort sollten Bürgerschaftspräsident und Fraktionsvorsitzende das Fünffache eines normalen Abgeordnetengehalts bekommen – 20 000 Mark monatlich. Im Gesetz war außerdem eine unglaubliche Versorgungsregelung versteckt. Danach sollte die Spitze des Parlaments ähnlich wie die Hamburger Senatoren (Minister) nach dreieinhalb Jahren Amtszeit (wenn sie vorher fünf Jahre lang Abgeordnete waren) einen Anspruch auf 10 500 Mark Pension haben (ab dem 55. Lebensjahr). Für eine solche Versorgung muß ein Privatmann Millionen einzahlen. Offensichtlich war den Erfindern der Ruhestandsregelung für die Hamburger Regierungsmitglieder dann doch nicht recht wohl bei dem Griff in die Tasche des Steuerzahlers, denn sie brachten das Gesetz nicht regulär ein, sondern schoben es den Parlamentariern ungezeichnet als harmlose Anlage eines Ausschußberichts unmittelbar vor der Abstimmung unter. Auch hier führte die Veröffentlichung zur Rücknahme der Regelungen.

Im Saarland konnte man sogar nach nur einem Tag als Minister, wenn man nur lange genug vorher die Abgeordnetenbank gedrückt hatte, mit knapp 13 000 Mark in den Ruhestand treten. Ein Bundesminister benötigt dazu dreiundzwanzig Amtsjahre!

Zur Ehrenrettung sei gesagt, Bundespolitiker sind auf persönlichem Gebiet nicht nur bescheidener, sondern könnten manch einem als Vorbild dienen. Bundeskanzler Kohl hat es nicht an die große Glocke gehängt, dennoch hat er – als er zu seinem verunglückten Sohn nach Italien mit einer Regierungsmaschine flog – die vollen Kosten, die etwa ein Drittel seines Jahresgehaltes ausmachten, ohne mit der Wimper zu zucken und ohne öffentlichen Druck, prompt erstattet. Oder Herbert Wehner: Er war ein sparsamer Politiker, der vielen half, ohne daß es an die Öffentlichkeit drang. Und es ließen sich weitere Beispiele anfügen.

Auf Länderebene läßt sich die Liste der Maßlosigkeit beliebig verlängern. Es reicht ein Blick in die Presse. Und die Abgeordneten in den östlichen Ländern wurden von ihren Wessis so gut und umfangreich beraten, daß sie dafür gesorgt haben, bloß nicht schlechter gestellt zu sein.

Nicht Einsicht führt dazu, daß diese private Vorteilnahme der Politiker zurückgenommen wird, sondern nur öffentlicher Druck, der – etwa als die Pensionsregelung in Hamburg bekannt wurde – Massenaustritte aus den betroffenen Parteien nach sich zog. Nun ist es für den Wähler schwer, die eine Partei zu bestrafen, indem er der anderen seine Stimme gibt: Er steht doch Absprachen eines Parteienkartells gegenüber! Gegen die Vereinnahmung des Staates durch die Parteien hilft nur die Aktivierung des Volkes, sagte schon Gustav Radbruch, Justizminister in der Weimarer Republik.

Nun verfügt der Bürger im politischen System Deutschlands nur über wenige politische Mittel gegen die Besitznahme des Staates durch die Parteien. In beschränktem Maße dienen dazu die Verfassungsgerichte, die zum Teil auch parteipolitisch besetzt werden, die öffentliche Meinung und die Wissenschaft. Böse würde es enden, wenn die Parteien auch diese noch vereinnahmen könnten. Dann wäre das Volk vollends ihr Sklave.

»Bescheidenheit ist eine Zier, doch weiter kommt man ohne ihr«, heißt ein scherzhaft verwendetes Sprichwort, so als sei die Bescheidenheit eine nicht ganz ernst zu nehmende Moralfloskel. Dabei gehört die Bescheidenheit unter dem Begriff der Besonnenheit zu den vier Kardinaltugenden, neben Tapferkeit, Klugheit und Gerechtigkeit, die bei den griechischen Philosophen als Grundtugenden die wesentlichen Voraussetzungen für sittliche Vortrefflichkeit darstellen. Platon sah vor allem den politischen Aspekt dieser Tugend in der Mäßigung der Begierden; Aristoteles definierte die Besonnenheit als die Tugend vernunftgeleiteter Ordnung. Heute wird das Wort »bescheiden« vielfach negativ benutzt. »Das ist aber bescheiden«, bedeutet in der Umgangssprache »beschissen«; oder jemand hat ein bescheidenes Heim, ein bescheidenes Einkommen, einen bescheidenen Horizont. Gebärdet sich dagegen jemand unbescheiden, dann gibt er an oder gilt als maßlos.

So balanciert die Bescheidenheit, als Tugend des rechten Maßes, zwischen den beiden Extremen »zuwenig« und »zuviel«. Wobei das Überschreiten des Maßes als ein schlimmer, zu vermeidender Fehler angesehen wird, während das Unterschreiten, was man häufig auch »falsche Bescheidenheit« nennt, als Schwäche hingenommen wird. Die Unbescheidenheit ist ein großer Fehler im Sinne der Ethik, »denn damit meint man vor allem die Gier, möglichst viel haben zu wollen und mehr, als einem zukommt«.[66]

Das Problem der bescheidenen Politiker ist, daß es so gierige gibt, die den ganzen Stand in Verruf bringen. Immer wieder kommen – dank der Medien – Beispiele an die Öffentlichkeit, die, je nach Bedeutung, bis hin zum Sturz einer Regierung führen können. Hier kam die Bundestagspräsidentin Rita Süssmuth in schweres Wasser, weil ihr Mann zuweilen in einem Dienstwagen des Bundestages fuhr; dort mußte in Hessen eine Ministerin ihr Amt abgeben, weil sie die Renovierung ihrer Privatwohnung dienstlich abgerechnet hatte. Dabei hatten die Beamten des Ministeriums die Kosten »sachgemäß« geprüft. Häufig besteht jedoch bei diesen Vorkommnissen eine unheilige Allianz zwischen Beamten und Politikern.

Während die Politiker sich nicht von der Tugend der Bescheidenheit aus eigenem Antrieb leiten lassen, sondern der entsprechenden Stelle in der eigenen Verwaltung die Ausgaben zur Begutachtung und Erstattung vorlegen, sind die verantwortlichen Beamten gefällig und dienen so den Politikern als Reinigung für die weiße Weste (und – falls vorhanden – beruhigen das schlechte Gewissen). Wie wenig die Einsicht in das richtige Maß die Gier zügelt, beweist wohl die vom »Spiegel«[67] aufgedeckte rechtswidrige Zahlung überhöhter Gehälter an den Ministerpräsidenten von Sachsen-Anhalt, Werner Münch, und an einige seiner Minister. Münch erhielt als Ministerpräsident ein jährliches Gehalt von über 250 000 Mark und war damit – als Chef eines relativ kleinen Landes – einer der bestbezahlten Regionalfürsten Deutschlands. Zu ihren hohen Gehältern waren Münch und die betroffenen Minister nur gekommen, weil sie fragwürdige Angaben gemacht hatten.

Da im Osten niedrigere Gehälter gezahlt werden als im Westen, sollten auch Politiker, die aus dem Westen kamen, nur so viel mehr erhalten, daß sie auf ihre bisherigen Bruttobezüge kamen. Münch etwa hatte als Europaabgeordneter weniger als die Hälfte seines Ostgehaltes bekommen. Nun gaben die West-Importe die abstrusesten Dinge als bisheriges Einkommen an: »Einer entdeckte die ihm als Parlamentarier gewährte Bahnfreifahrkarte als Bestandteil des Alt-Einkommens. Auch Tagegelder des Europaparlaments oder steuerfreie Kostenpauschalen wurden angeführt und noch so dubiose Belege vorgelegt.« Zur Berechnung seines Gehalts gab Münch Gelder an, die ihm als Europaabgeordneten für Informationsmittel zur Verfügung standen. Seine Verteidigung, es habe doch dem Bürger gleichgültig zu sein, ob er mit dieser Summe Propaganda treibe oder seiner Frau einen Diamanten kaufe, zeigt, wie abgehoben von jedem moralischen Anspruch sein Denken ist.

Fast eine Million Mark zuviel erhielt das knappe halbe Dutzend Regierungsmitglieder in Sachsen-Anhalt ausgezahlt, und es würde wahrscheinlich noch weiter überwiesen, wenn nicht der aus dem östlichen Bundesland stammende Chef des Rechnungshofes, Horst Schröder, die Zahlungen als unbescheiden (rechtswidrig) moniert hätte. Selbstbewußt verteidigte sich die Regierung auf eine parlamentarische Anfrage zunächst damit, daß sie keine Auskünfte über die Höhe der Gehälter geben werde – sie unterlägen dem Datenschutz. Doch sechs Tage nach der Veröffentlichung im »Spiegel« mußte die gesamte Regierung zurücktreten. Und deshalb fanden am 26. Juni 1994 vorgezogene Landtagswahlen in Sachsen-Anhalt statt – mit dem Ergebnis, daß die regierende Koalition die Mehrheit verlor. Die CDU blieb zwar stärkste Fraktion, aber deren Koalitionspartner, die F.D.P., erhielt weniger als fünf Prozent und schied deshalb aus dem Landtag aus.

Ein kleines Nachspiel ereignete sich, kurz nachdem im Herbst 1993 eine neue Regierung in Magdeburg ernannt worden war. Es stellte sich heraus, daß auch vierzehn Staatssekretäre eine unzulässige Amtszulage von über tausend Mark monatlich kassierten.

Nach Ansicht des damaligen Oppositionsführers und SPD-Fraktionsvorsitzenden Reinhard Höppner – der im Juli 1994 Regierungschef wurde – hatte sich »eine verschworene Gemeinschaft von Staatssekretären und Ministern gebildet, die sich gegenseitig Geld zugestanden haben«.

In der Tat verhielt es sich so ähnlich: Nach einem Hinweis des Bundesinnenministeriums waren die Zahlungen an die Staatssekretäre im Sommer 1991 für einen kurzen Augenblick ausgesetzt, im Herbst jedoch wiederaufgenommen worden. Ein Staatssekretär des Landes hatte sich über den Bonner Einwand hinweggesetzt, denn schließlich profitierte ja auch er von dem Geldsegen, was ihn schließlich das Amt kostete. Einsicht zeigten die betroffenen Minister und Staatssekretäre nicht. Für die Politiker in Sachsen-Anhalt waren die Vorwürfe Teil einer großangelegten Rufmordkampagne. Und ein Bonner Politiker sah als einzigen Grund für den Rücktritt der sachsen-anhaltinischen Regierung, daß die Zahlungen gegenüber der Bevölkerung *nicht vermittelbar* gewesen seien.

Eine Politikverdrossenheit gibt es nicht, trotz allem! Das ist das Ergebnis von Untersuchungen[68] – ungeachtet dieses negativen Bildes von Parteien und Politikern. Im Gegenteil: In den letzten Jahren ist das Interesse an Politik massiv gewachsen. Im Rahmen des Wertewandels haben sogar beträchtliche Teile der Bevölkerung ihre politische Einstellung geändert von bisher passivem Vertrauen in eine aktive Bereitschaft zu handeln. Mit dem gewachsenen Interesse für Politik ist allerdings auch die Unzufriedenheit darüber angestiegen, wie der Staat regiert wird. Die Meinung, daß man zwar alle vier Jahre wählen darf, die Politiker sich im Grunde aber gar nicht darum kümmern und doch nur tun, was sie wollen, wird inzwischen von fast allen geteilt.

Wenn es Verdrossenheit gibt, dann eine, die sich gegen Parteien richtet, die Lösungen versprechen, und gegen Politiker, die nicht nach diesen Versprechungen handeln. Das spüren die Parteien bei Wahlen. Die traditionellen oder affektiven Bindungen an eine Partei haben sich erheblich gelockert, und die Bürger treten bewußter an die Urne, wechseln leichter zwischen den Angeboten oder lehnen sie einfach ab und wählen nicht.

Diese Entwicklung geht mit zwei Phänomenen einher: Erstens ziehen sich besonders die unteren Gesellschaftsschichten immer mehr aus dem politischen Geschehen zurück. Zweitens werden diejenigen, die sich für Politik interessieren, kritischer. Diese gewachsene Fähigkeit, die politische Wirklichkeit abzuwägen, führt allerdings zu Erkenntnissen, die den Willen, sich zu engagieren, bremsen. Deshalb wird die größere Bereitschaft zu handeln nicht unbedingt umgesetzt! Denn es fehlt an Möglichkeiten.

Die Entmachtung des Staates durch die etablierten Parteien macht verdrossen. Die große Anzahl von Neugründungen, seien es STATT Partei, Bund Freier Bürger etc., zieht derzeit Personen aus den oberen Schichten an, die eine Veränderung der politischen Landschaft für notwendig halten, doch die Übermacht der bestehenden Strukturen gibt ihnen nicht die Möglichkeit. Hinzu kommt die Unfähigkeit jener gebildeten Individualisten, sich in ein Parteienkonzept und die notwendige Gruppendisziplin einzubringen. So erleiden diese Ausweichgruppierungen einen schnellen Tod und führen schließlich zu einer vertieften politischen Enttäuschung.

Wie sich das Verhältnis des Bürgers zum Staat in Zukunft entwickeln wird, hängt davon ab, wie und ob sich Parteien und Politiker grundlegend bessern. Leichte Veränderungen sind wegen des öffentlichen Druckes und des daraus resultierenden Wählerverhaltens zu erkennen. Da wir jedoch davon ausgehen können, daß die etablierten Parteien so in ihrem Kartell verfangen sind, daß sie daraus weder ausbrechen wollen noch können, wird die Verdrossenheit steigen. »Der politische Bereich wirkt insoweit nicht stabilisierend, sondern eher destabilisierend auf die Werteentwicklung.«[69]

Kurzfristige Stimmungsumschwünge hat es immer wieder gegeben. Ausgelöst durch die wirtschaftliche Krise 1993/94 sind die Bürger zusätzlich irritiert und streben verstärkt nach Sicherheit, weshalb sie nicht nur zu Opfern bereit sind, sondern Politiker mit Führungsfähigkeiten suchen; jemanden, dem sie Vertrauen schenken können. Aber die Deutschen sind heute so unbedingte Anhänger der Freiheitswerte in einer Demokratie, daß die Sorge, sie könnten wie vor sechzig Jahren wieder einem Führer folgen, völlig abwegig ist. Im Gegenteil: selbst wenn sie jetzt nach starken Politikern Ausschau halten, ist ihnen alles, was mit Gehorsam zu tun hat, suspekt.

Allerdings mögen Deutsche genausowenig Unordnung. Und die Bereitschaft, einer politischen Führungskraft zu vertrauen, wird nicht bedingungslos erbracht. Als Gegenleistung wird Kompetenz verlangt, die bestehenden Probleme in der Gesellschaft zu lösen. Man selbst ist zu Opfern bereit, schaut aber besonders kritisch auf alles, was Ämterwillkür, Bürokratismus oder Parteigekungel sein könnte. Der Bürger will nicht anonym als Teil der Masse politische Belastungen einfach hinnehmen, die ihm zugemutet werden, sondern als anerkannter Unterzeichner des Gesellschaftsvertrags die erforderlichen Leistungen »aus eigener Einsicht« erbringen.

Der Wertewandel Ende der sechziger, Anfang der siebziger Jahre hatte zu einer drohenden Destabilisierung der politischen Grundeinstellung geführt. 1973 zeigten sich lediglich 44 Prozent der Befragten zufrieden mit dem Funktionieren der Demokratie. Politischer Wechsel kann im Volk jedoch schnell Änderungen bewirken. Nach dem Wechsel von Bundeskanzler Willy Brandt, dem im letzten Jahr seiner Regierung von allen Seiten vorgeworfen worden war, keine Kompetenz für die Lösung anstehender Probleme zu haben, zu dem »Macher« Helmut Schmidt stieg die Zufriedenheit erheblich an. 1976 waren 79 Prozent der Befragten zufrieden damit, wie die Demokratie funktionierte.[70] Durch den Kanzlerwechsel wurde das Staatsvertrauen wiederhergestellt und die Zuwendung zu dem politischen System gestärkt. Allerdings flaute die Wirkung gegen Ende der siebziger Jahre ab.

Menschenwürde
und
Medien

Mattscheibe
und Wirklichkeit

Wenn vom »Verfall« der Werte gesprochen oder der Untergang der Kultur wieder einmal beschworen wird, dann weist die Anklage häufig auf die Massenmedien. Unter diesem Begriff werden Fernsehen, Rundfunk und Presse zusammengefaßt, gemeint ist aber an erster Stelle das beeindruckendste Kommunikationsmittel, das mit laufendem Bild und Ton, versehen mit begleitenden Texten, den Eindruck vermittelt, als blicke man durch die Mattscheibe hindurch in die Wirklichkeit. Die Medienforschung ist noch nicht weit gediehen, so daß über die Wirkung dieses Instruments auf die Gesellschaft mehr gemutmaßt als gewußt wird.

Dennoch ist unumstritten, daß die Massenmedien einen wichtigen Teil des kulturellen Szenarios verkörpern. So ist zum Beispiel untersucht worden, wie mit der Ausbreitung des Fernsehens in immer mehr Haushalten auch das politische Interesse erheblich angestiegen ist.[71] Gleichzeitig mit dem Kauf des ersten Fernsehgeräts änderte sich die Vorstellung von Politik, besonders dann, wenn die Fernsehbesitzer ihr neu erworbenes Wissen nicht durch die Lektüre von Zeitungen ausglichen. Für sie stellte sich Politik nunmehr in Konflikten dar.

Doch hielten sie die Probleme für leichter lösbar als vor Anschaffung des Apparats.

Kommunikation ist ein Teil der Kultur, die wiederum eine wichtige Bedeutung für die Bildung und Ausformung von Werten hat; denn Werte müssen erlernt werden, und das werden sie durch die Darstellung der Wirklichkeit. Oder vielmehr: *einer* Wirklichkeit. Sei es die vorgelebte oder die vorgeflimmerte.

Einige Zahlen sind bekannt. Viele Kinder verbringen Stunden vor dem Fernseher, häufig weil die Eltern sie dort »parken« – im Durchschnitt täglich zweieinhalb Stunden. Die Glotze übernimmt die Funktion des Kindermädchens. So verwundert es nicht, wenn inzwischen 53 Prozent der Jugendlichen in Deutschland der Meinung sind, die Medien hätten mehr Macht und Einfluß als die Politiker.

Weil davon ausgegangen wird, daß die Wirkung der Bilder einen großen Einfluß auf die Gesellschaft hat, wächst der Ruf nach einer Medienethik. Diese Forderung ist besonders laut geworden, nachdem sich Mitte der achtziger Jahre mit dem Start der kommerziellen Sender die Fernsehlandschaft in Deutschland erheblich verändert hat.

Damals argumentierte der zuständige Bundespostminister Christian Schwarz-Schilling, dem souveränen Medienbürger solle »mehr Raum zur Selbstentfaltung« gegeben werden. Selbstentfaltung bedeutet, sich sein spezielles Programm aussuchen zu können und die individuellen Unterhaltungswünsche zu befriedigen. Für den einzelnen mag dies ein Fortschritt gewesen sein, allerdings von zweifelhafter Natur. Als das Wort von der »Fernsehnation« noch benutzt wurde, gab es nur zwei bundesweite Sender, die Dritten Programme konnte man lediglich regional empfangen. Das Wesen der »Fernsehnation« war aber, daß es »Straßenfeger« wie die Krimis von Durbridge gab, bei denen das halbe Land zuschaute. Und am nächsten Morgen unterhielten sich alle am Arbeitsplatz oder mit dem Nachbarn über das gemeinsame Seh-Erlebnis. Mit der Vielfalt des Angebots ging ein Stück sozialer Kommunikation verloren und damit auch ein Teil dessen, was der einzelne als Gemeinschaftsgefühl empfinden konnte.

In der politischen Wirklichkeit ging es der Union bei der Einführung des kommerziellen Fernsehens um zwei Dinge: Die Macht der öffentlich-rechtlichen Anstalten, die der Union zu kritisch sind, sollte geschwächt werden. Wenn bisher ein Kommentator von ARD oder ZDF eine Meinung vertrat, so hatte er damit großen Einfluß. Wenn viele Sender viele Kommentatoren sprechen ließen, würde sich der jeweilige Einfluß mindern. Darin lag also ein klares Stück Machterhaltungspolitik. Zweitens erlaubte die Technik inzwischen die Einrichtung mehrerer Sender und die Verbreitung unzähliger Programme, sei es durch Kabel, sei es über Satellit. Und das bedeutete einen neuen Markt – mit vielen Arbeitsplätzen.

Die Ausweitung der Massenmedien ist verantwortlich für eine Art umgekehrter Kulturrevolution und für die Veränderung der Kommunikation, die auf den Bestand der Werte einen unheilvollen Einfluß hat. Denn das Motiv der Kulturverbreitung durch das Fernsehen ist nicht mehr der Bildungsauftrag, auf den sich die Öffentlich-Rechtlichen bisher beriefen, sondern ausschließlich der materielle Gewinn. Um diesen Gewinn zu machen, wird alles in Kauf genommen, besonders der Appell an die niederen Instinkte des Menschen, die zu beschränken doch Aufgabe der sittlichen Werte sein soll. Da entsteht ein Konflikt zwischen Ethik und Gewinn, der inzwischen auch denen unheimlich geworden ist, die politisch die Verantwortung tragen.

Im Mai 1994 stellte eine amerikanische Fernsehgesellschaft den Antrag, die Hinrichtung eines Todeskandidaten live in einer Gesprächssendung übertragen zu dürfen. Der Verurteilte hatte seine Einwilligung gegeben (und sicherlich ein hohes Honorar ausgehandelt), und nach der Live-Übertragung sollte im Programm über die Exekution diskutiert werden. Natürlich wurde ein moralischer Grund vorgeschoben: Die Vollstreckung des

Todesurteils sollte abschreckend wirken. Die Genehmigung wurde – für diesmal – nicht erteilt. Dennoch ist es symptomatisch für die Medienentwicklung, daß eine Anstalt solch einen Antrag stellt in der Hoffnung, er werde genehmigt.

Vorangegangen war eine große öffentliche Diskussion. Zwei Jahre zuvor hatte schon eine andere Fernsehstation in San Francisco die Exekution des im Gefängnis von San Quentin einsitzenden Mörders Robert Alton Harris aufzeichnen wollen. Auch damals wurde der Antrag abgelehnt. Zur besten Sendezeit strahlte Anfang des Jahres 1994 der US-Fernsehsender NBC »Witness to the Execution« (Zeuge der Hinrichtung) aus, einen Thriller, der eine öffentliche Hinrichtung zum Thema hat, die wie bei einem Fußballendspiel mit Fernsehübertragung abläuft.

Aber sind wir wirklich so weit von der öffentlichen Exekution im Fernsehen entfernt? Am 5. August 1992 sendete kurz nach zehn Uhr abends SAT. 1 die Video-Aufzeichnung eines Selbstmörders in seiner Badewanne. Redakteur und Moderator der Sendung »Akut« begründeten diesen kurzen Beitrag zu Beginn ihrer Sendung zum Thema »Sterbehilfe – das Geschäft mit dem Tod« als emotional wichtigen Einstieg. Kurz davor hatte RTL in einer Nachrichtensendung Bilder von einer tobenden Menschenmenge aus einer Stadt in Brasilien ausgestrahlt: Drei Straßenräuber sind gefaßt worden und werden gelyncht. Die Menge begießt sie mit Benzin und zündet sie an. Der Zuschauer kann den Tod in den Flammen noch miterleben. Genauso wie die amerikanischen Fernsehverantwortlichen eine »moralische« Ausrede hatten, um den Vollzug der Todesstrafe live senden zu können, hatten auch die Verantwortlichen bei RTL ihren »moralischen« – wirklich scheinheiligen – Grund: Dieser Bericht sollte eine warnende, abschreckende Antwort auf die Vorgänge in Hünxe sein, wo Ausländerkinder von jungen Deutschen mit Molotowcocktails angezündet wurden.

Ein Jahr später sendete »stern-TV« einen Beitrag über einen Tag im Leben des sechzehnjährigen Sead in Sarajevo. Seinen zufällig letzten Tag. Das Kamerateam zeigt Sead beim Frühstück, er verabschiedet sich von seiner Mutter und trifft sich mit Freunden. In einem Unterstand von Soldaten übernimmt er als Kurier die Post. Plötzlich knallen Schüsse: Die Kamera filmt, wie einer der Jungen zusammenbricht. Sead und einige andere wollen ihm helfen und ihn in ein Auto heben. Plötzlich ein weiterer Schuß, Sead ist getroffen, er fällt um, will sich fortschleppen, liegt dann still. Die Kamera läßt nicht von ihm ab, und so kann der Zuschauer sekundenlang miterleben, wie Sead stirbt. Ich bin der Meinung, solche Bilder darf man nicht zeigen. Aber womit begründete der verantwortliche »stern-TV«-Chef Günther Jauch seine Entscheidung? Der Bericht sei auf dem Markt gewesen. Andere hätten ihn haben wollen, da habe man ihn gekauft.

»stern-TV«-Chef Jauch hat nichts anderes getan, als umzusetzen, was ein Grundprinzip unserer Wirtschaftsgesellschaft ist – er hat eine Marktchance wahrgenommen. Denn der Verkauf aller Ereignisse, ob sie nun Leben oder Tod darstellen, wird zur Normalität eines Kommerzfernsehens, das sich an rein marktwirtschaftlichen Gesetzen orientiert. Hier liegt ein grundsätzlicher Fehler der Politik, die verpflichtet gewesen wäre, ihrer Verantwortung nachzukommen. Verantwortung – als ethischer Wert – bedeutet ja, die Folge des Handelns für die Gesellschaft mit in Rechnung zu stellen. Doch ethisch motivierte Grenzen wurden dem Kommerzfernsehen in Deutschland kaum gesetzt.

Vom Run auf das, was auf dem Markt angeboten wird, lassen sich auch öffentlich-rechtliche Journalisten anstecken, in der Meinung, sie müßten damit konkurrieren. Im Westen der USA erschoß ein Autodieb einen Mann auf dem Parkplatz vor einem Supermarkt, sprang in dessen Wagen und floh. Die Polizei nahm die Verfolgung auf – und auch das Fernsehen war live dabei: Von einem Hubschrauber aus filmte ein Kameramann die stundenlange Hetzjagd, die direkt übertragen wurde. Wie im Kino endete die Hatz mit einer Schießerei, bei der die Polizei den Mörder tötete.

Die Bilder wurden sofort in der ganzen Welt angeboten, auch der »Tagesthemen«-Redaktion. Wir lehnten ab. In den kommerziellen Sendern sind die Bilder dann – aufregend! – gelaufen.

Nachrichten sind Ware mit Verfallsdatum. Wenn ein Sender Bilder gezeigt hat, sind sie für einen anderen Sender meist wertlos. Höchstens bei ganz dramatischen Ereignissen werden sie vielleicht noch in unmittelbarer zeitlicher Nähe des Geschehens ausgestrahlt.

Unter dem Druck, ständig Neues bringen zu müssen, und zwar aufregend Neues, multiplizieren sich plötzlich die Skandale. Das, was bisher jeder wußte, aber keinen scherte, wird plötzlich moralistisch aufgeblasen. Wenn Winston Churchill einst mit Maria Callas auf der riesigen Jacht von Tankerkönig Onassis Urlaub machte, dann störte sich keiner daran. Wenn der Bundeskanzler sich – wie häufiger im letzten Jahrzehnt – sein Sommerfest durch Sponsoren finanzieren läßt, dann spart er damit dem Staat Geld, weshalb es niemand kritisiert. Wenn aber heute ein Politiker sich von einem reichen Freund in den Urlaub einladen läßt, dann wird ihm das als moralisch unzulässig vorgeworfen. Das wäre es allerdings nur, wenn der Gast seinem Gastgeber eine politische Gegenleistung erbringen würde. Diese sensiblen Unterschiede werden kaum noch gemacht. Obwohl doch auch Journalisten auf Kosten von Firmen reisen, für ihre Autos zehn Prozent Presserabatt erhalten, bei Fluggesellschaften darauf achten, besser plaziert zu werden, etc.

In den USA wird Präsident Bill Clinton wegen seiner Investition, die unter dem Namen Whitewater durch die Presse wandert, über Monate hinweg beschuldigt, obwohl ihm niemand etwas Ungesetzliches, nicht einmal etwas Unmoralisches vorwerfen kann. Aber der Tenor lautet: Vielleicht kommt noch etwas heraus. Genauso geht es, wenn irgendeine Frau ihn beschuldigt, sie vor Jahren sexuell belästigt zu haben. Die Sensation wird breit verkauft, egal ob sie stimmt. Die wirklich wichtigen politischen Informationen treten dahinter zurück. So scheint es bei einem Treffen von Bill Clinton und Helmut Kohl auch wichtiger, was und wieviel sie beim Italiener essen, als worüber sie reden.

Das Bewußtsein, daß sowohl der Zuschauer wie auch der Abgebildete im Besitz der Menschenwürde ist, hat sich unter Journalisten der Massenmedien noch nicht weit herumgesprochen. Auch aus Berichten, die von ARD-Korrespondenten hergestellt wurden, hat die Redaktion kurze, manchmal nur wenige Sekunden lange Einstellungen herausgenommen, weil sie den Nachrichtenwert nicht betrafen, aber die Menschenwürde verletzten.

Einmal handelte es sich um ein Massaker in Bosnien. Die Beerdigung der Opfer wurde gezeigt, beeindruckende Bilder hatte der ARD-Kameramann von den Trauernden, dem Friedhof, der Zeremonie und auch von den Särgen gedreht. Die Deckel waren noch nicht zugenagelt, so daß man die Toten sehen konnte. Dann Großaufnahme: die Köpfe in den Särgen. Leere, rote Augenhöhlen. Man hatte ihnen die Augen herausgeschnitten. Das Team brachte die Bilder mit, der Reporter übernahm sie in seinen Bericht. Ich gehe davon aus, daß er dies nicht aus Sensationsgier tat, sondern um die Brutalität des Krieges zu dokumentieren.

Unserer Meinung nach verstößt die Ausstrahlung solcher Bilder gegen die Menschenwürde der Toten; sie verletzt aber gleichzeitig die Würde der Zuschauer, die sich dem Bild nicht entziehen können. Denn zum Ausschalten ist es in dem Augenblick zu spät, in dem die Szenen über den Bildschirm flimmern. In den meisten Fällen ist es in Nachrichtensendungen nicht notwendig, brutale Bilder zu zeigen. Nur dann, wenn die Informationspflicht es verlangt, können entsprechende Berichte unter genauem Abwägen gesendet werden.

Allerdings moderierte ich eine Sendung über ein Blutbad in Sarajevo mit den Worten ein, jetzt folge ein Beitrag, den keiner sehen wolle, den jedoch jeder sehen müsse, damit er eine Ahnung von dem habe, was die Bürger in der bosnischen Hauptstadt zu erleiden hätten. Die Szenen zeigten, was eine Granate angerichtet hatte, die in einer Menschenschlange vor einer Bäckerei explodiert war. Die Bilder gingen um die ganze Welt und hatten zur Folge, daß der UNO-Sicherheitsrat Sanktionen gegen Rest-Jugoslawien verhängte.

Der Mensch
als Nachrichtenware

Weil die Massenmedien das Leben in der Gesellschaft zunehmend beeinflussen, werden die Rufe immer lauter, daß sie (wegen ihrer Macht) stärker kontrolliert werden müßten. Das erforderte einerseits gesetzliche Regelungen oder aber die Erarbeitung einer »Medienethik«.[72] Denn die Verstöße gegen berufsethische Standards in den letzten Jahren haben sich gehäuft, und die Frage nach den Grenzen des erlaubt Machbaren wird hier genauso gestellt wie etwa in der Gen-Forschung.

Im Hotel »Beau Rivage« in Genf betrat ein Reporter des »Stern« das von Uwe Barschel gemietete Zimmer, entdeckte als erster den Toten in der Badewanne, photographierte ihn, und das Bild erschien auf der Titelseite des »Stern« – und über den »Stern« auch in der ARD. Beim Grubenunglück von Borken gelang es über Richtmikrophone des Rundfunks Signale schon totgeglaubter Bergleute zu empfangen und sie zu retten, während Zeitungsreporter bei denjenigen Frauen, die gerade vom vermeintlichen Tod ihrer Männer erfahren hatten, Photos von den Toten kaufen wollten. Und schließlich hat sich auch das öffentlich-rechtliche Fernsehen, gemeinsam mit den übrigen Medien, auf einen

161

Irrweg begeben, als es die Flucht der Geiselnehmer von Gladbeck zu einer wahren Sensationsberichterstattung über die volle Länge des Dramas hinwegzog und sogar die Polizei behinderte.

Die Forderung nach ethischem Verhalten der Massenmedien ist eigentlich eine Banalität, wenn wir davon ausgehen, daß jeder Bürger die ethischen Regeln zu befolgen hat und diese Verpflichtung aus Einsicht auf sich nimmt. Und da diejenigen, die in den Massenmedien arbeiten, Journalisten, Photographen, Kameraleute, Toningenieure, Cutterinnen, Regisseure, Produktionsleiter etc., Mitglieder der Gesellschaft sind, gelten für sie die gleichen Werte als Grundlage für ihr berufliches Handeln wie für ihr privates.

Die Würde des Menschen muß auch in den Medien als Maßstab gelten.[73] Sie ist unantastbar. »Sie zu achten und zu schützen ist Verpflichtung aller staatlichen Gewalt«, schreibt das Grundgesetz vor. Und davon gehen die Rundfunkgesetze aus. Dieses Bekenntnis greifen die Richtlinien des – allerdings wenig wirksamen – Deutschen Presserats auf. Und es bestimmt die Programmgrundsätze, an die sich die Kommerziellen zu halten hätten.

»Eine Verfassung, welche die Würde des Menschen in den Mittelpunkt ihres Wertesystems stellt, kann bei der Ordnung zwischenmenschlicher Beziehungen grundsätzlich niemandem Rechte an der Person eines anderen einräumen, die nicht zugleich pflichtgebunden sind und die Menschenwürde des anderen respektieren«, urteilte das Bundesverfassungsgericht über die unmittelbare Drittwirkung von Artikel 1 des Grundgesetzes für jeden einzelnen.

Weder der Tod noch unwürdiges Verhalten, weder eine Geisteskrankheit noch eine Verurteilung wegen schwerster Verbrechen, weder eine besondere Stellung in der Öffentlichkeit noch persönliche Eigenschaften können zur Würdelosigkeit eines Menschen führen. So widerspricht es der Würde, den Menschen zum bloßen Nachrichtenobjekt zu machen.

Gegen diese Wertvorstellungen wird jedoch täglich verstoßen. Aus rein kommerziell begründeter Sensationslust erschien zuerst in der britischen, dann in der deutschen Massenpresse die Behauptung, Prinz Edward sei wahrscheinlich das Ergebnis eines Seitensprunges der englischen Königin. Als Begründung wurde angegeben, Prinz Philipp habe dessen Kinderwagen nie schieben dürfen, und außerdem sähe Edward seinem Vater nicht ähnlich. Auch die englische Königsfamilie hat das gleiche Anrecht auf Menschenwürde wie jeder deutsche Michel. Aber selbst in gehobenen deutschen Presseerzeugnissen wird die Jagd auf Königskinder zu Glossen benutzt mit dem Tenor, wer schon Prinzessin sein will, ist blöd genug, den darf man durch ein Schlüsselloch, etwa beim Sport in einem privaten Club, photographieren. Darf man nicht!

Auch der Umgang mit Politikern, Sportlern, Filmschauspielern unterliegt ethischen Einschränkungen, wenngleich diese Erkenntnis offenbar nicht besonders weit verbreitet ist. Während die Boulevardpresse in Deutschland, England und den USA sich nur wenig an journalistische Moralvorstellungen hält, benehmen sich französische Journalisten viel diskreter, und der Schutz des Persönlichkeitsrechtes ist dort wesentlich strenger geregelt. Als ethischen Verfall bezeichnen immer mehr Politiker, daß sie von der Vierten Gewalt zunehmend »schlecht«gemacht werden, daß ihnen ihr Verhalten als »Skandal« angekreidet wird, wo kein moralisches Vergehen vorliegt, wo aber Gerüchte und Mutmaßungen walten.

Tatsächlich hat der Konkurrenzdruck dazu geführt, daß eine Redaktion aus Angst, sie werde von einem anderen Blatt, einer anderen Sendung überholt, zu schnell einen Menschen beschuldigt, ohne die notwendigen Belege dafür zu haben. Da gibt es krasse Fälle, bei denen es die kommerziellen Fernsehprogramme an jeder Verantwortung fehlen ließen: Ein Politiker wird von einem Strichjungen beschuldigt, bei ihm Kunde gewesen zu sein; ein anderer Politiker wird fälschlicherweise von einer Bordellwirtin (denn alles, was mit Prostitution zu tun hat, ist in Talk-Shows besonders beliebt) als regelmäßiger Besucher bezeichnet.

Aber leider erliegen manchmal auch die öffentlich-rechtlichen Programme wegen des Konkurrenzdrucks der verantwortungslosen Hatz. Weil ein Bericht in »Panorama« über Beschuldigungen eines ehemaligen Berufskriminellen gegen Oskar Lafontaine durch eine einstweilige Verfügung des saarländischen Ministerpräsidenten nicht wie vorgesehen ausgestrahlt werden konnte, gingen die »Tagesthemen« einen Tag später auf das Thema ein und verbreiteten so die von dem Kriminellen ausgestreuten Gerüchte, Lafontaine habe als Oberbürgermeister das »Rotlichtmilieu« vor Razzien gewarnt.

Natürlich ist es von öffentlichem Interesse, wenn sich ein Politiker fehlverhält; dem müssen die Medien nachgehen. Aber hier befindet sich der ethisch handelnde kritische Journalist auf einer Gratwanderung. Es wird viel behauptet, und wenn ein Bericht mit Bildern einer Striptease-Tänzerin diese Behauptungen transportiert, dann kommt der Politiker ins Gerede, ob es nun stimmt oder nicht. Das Motto heißt doch: *semper aliquid haeret* – es bleibt immer etwas hängen. Nun gut, Lafontaine und die saarländische Staatsanwaltschaft haben in diesem Fall selber äußerst ungeschickt auf die Recherchen reagiert. Dennoch muß zwischen dem Schutz des Persönlichkeitsrechts und dem öffentlichen Interesse sensibler abgewogen werden.

Das gleiche gilt für den Fall Günter Wallraff, dem die Boulevardzeitung »Super« vorwarf, für DDR-Spionagechef Markus Wolf bei der Destabilisierung der westlichen Linken und der Medien eine wichtige Rolle gespielt zu haben. Das Boulevardblatt, das später mit Millionenverlusten einging, befand sich im Überlebenskampf und mußte so jeder Sensation nachgehen. Die »Tagesthemen« nahmen den Fall Wallraff/»Super« auf. Später stellte sich heraus, daß alles barer Unsinn war. Auch da war die Eile, mit der die Behauptung verbreitet wurde, bestimmt vom Konkurrenzdruck. Eine bessere und abgewogenere Recherche hätte den Autor Günter Wallraff in seinen Persönlichkeitsrechten geschützt.

»Wir brauchen eine Ethik der Diskretion«, forderte Thomas M. Gauly als Geschäftsführender Sekretär der Kommission für das CDU-Grundsatzprogramm, und reuig bekannte er: »Mit der Einführung der privaten Medien ist die Mediengesellschaft in Deutschland am Ende des 20. Jahrhunderts in eine neue Stufe ihrer Entwicklung eingetreten. Zugleich bewegt sie sich auf einen kritischen Punkt zu. Sie befindet sich in einer gefährlichen Situation, weil sie auf die konkreten Problemanzeigen und Krisensymptome weder instrumentale noch ethische Antworten parat hat.«[74]

Nun darf die Forderung nach einer Medienethik nicht benutzt werden, um die Freiheit der Medien zu begrenzen. Aber zwischen der Menschenwürde und der Medienfreiheit, die ein öffentliches Interesse vertritt, gilt es abzuwägen. Für mich ist eindeutig: Der Busen von Sarah Ferguson, Princess Di oder von Claudia Schiffer schafft sicher Voyeuren Vergnügen, ein öffentliches Interesse läßt sich davon nicht ableiten. Die Lust des Gaffers ist nur ein niederer Instinkt, den zu kontrollieren die Ethik gebietet.

Während es in den betont demokratischen Ländern des Westens, wie etwa Frankreich, gegen das Recht der Persönlichkeit verstößt, solche Photos zu veröffentlichen, wird in Deutschland die Würde des Menschen denen geopfert, die mit Gelechze Geld machen. Und die entsprechenden Verleger reden sich scheinheilig damit heraus, es handle sich um Personen des öffentlichen Interesses.

Menschen aus allen Lebensbereichen sind betroffen. Allerdings haben die Politiker, die wegen der Konkurrenz in der Berichterstattung um Skandale häufiger ins Rampenlicht gezerrt werden (zum Teil durch Indiskretionen von Gegnern in der eigenen Partei – siehe den Fall Theo Waigel), nicht klug reagiert. Oskar Lafontaines Gesetz zur Erleichterung der Gegendarstellung geht an dem Problem vorbei, da mit Gesetzen weniger geregelt werden kann als durch ethisches Verständnis.

Der Anspruch von Bonner Politikern auf einen besseren gesetzlichen Schutz ihrer Privatsphäre, der zudem mit hohen Schadensgeldforderungen abgesichert werden solle, ist einerseits absurd, andererseits berechtigt. Absurd deshalb, weil sie, einmal schmerzhaft unter der Gürtellinie getroffen, ausschließlich an den Schutz ihrer Kaste denken. Dabei stellt sich doch bei den Volksvertretern am ehesten die Frage, bis wohin sich die Öffentlichkeit interessieren darf. Der französische Staatspräsident läßt jedes halbe Jahr sein Gesundheitsbulletin herausgeben. Das Volk soll informiert sein. Es hat ein Recht darauf.

Berechtigt ist die Forderung nach mehr Respekt dort, wo es allgemein um den erweiterten Schutz der Privatsphäre oder besser gesagt der Intimsphäre geht. Die Blutwerte der Ehefrau des Bundeskanzlers gehören in keine Zeitung. Aber auch nicht das Unglück von Michel oder Liesl Müller. Des Kanzlers Zorn vermag den Ausschlag zu geben, daß die Chefin eines bunten Blattes gekippt wird. Liesl oder Michel Müller dagegen sind schutzlos denen ausgeliefert, die ihre Sensationen in den Massenblättern vermarkten.

Ein Politiker muß sich als Vertreter des Volkes der Öffentlichkeit mehr stellen als ein Kaufhausdirektor. Dennoch gibt es Grenzen. Wenn das Gerücht verbreitet wird, ein Gangster besitze Photos aus dem Rotlichtmilieu, die einen Politiker aus dem Saarland zeigen, dann gilt uneingeschränkt: Solche Gerüchte, die das Privatleben berühren, dürfen keine Grundlage für Berichte sein. Auch wenn die Photos vorhanden wären und nichts anderes zeigten als die nackten Tatsachen, so gehörten sie immer noch zur Intimsphäre.

Selbst wenn jemand versuchte, den Politiker zu erpressen, würde dies nicht zu einem Fall für den Journalismus, sondern frühestens dann, wenn die Erpressung Aussicht auf Erfolg hätte. Und selbst dann gebietet der Anstand einen sorgfältigen Umgang mit Bildern – und Worten.

Den ehemaligen »Bild«-Chefredakteur Günter Prinz packte vor einiger Zeit späte Reue, als er über journalistische Ethik sprach: Einige der zehntausend Schlagzeilen, die er erfunden hat, würde er gern ungeschrieben machen. Und dann trat er für saubere Recherche, für korrektes Zitieren ein, für alles, was die journalistische Ethik gebietet. Wenn sogar ein »Bild«-Chef sich nach Ethik zu sehnen beginnt, dann ist es für alle höchste Zeit, sich darüber Gedanken zu machen. Zumindest aber ist das eine neue Schlagzeile wert.

Eigentlich sind die Regeln klar: Die Privatsphäre darf nicht verletzt werden. Dies geschieht aber täglich mit entwürdigenden Methoden. Wer einmal erlebt hat, daß er tagelang keinen Schritt aus seinem von Photographen belagerten Haus machen konnte, ohne verfolgt zu werden; ohne daß Kameras über die Mauern geschoben wurden, um Privates abzulichten; daß er bewußt nachts geblitzt wurde, nur weil die Photographen ihm zeigen wollten: wir sind allgegenwärtig – wer diese Erfahrung gemacht hat, der empfindet dies als einen Akt von Gewalt. Und vor solcher Gewalt sollte jeder geschützt werden.

Die Sitten der Massenpresse sind roh. Und manchmal wünscht man sich, daß Frau Springer, Leo Kirch, Herr Burda und andere einmal so behandelt würden, wie ihre Handlanger es mit Menschen tun, um die Blätter so zu verkaufen, daß der Umsatz stimmt. Dann würden sie reagieren wie die betroffenen Politiker.

In den Medien ist ein Konkurrenzkampf ausgebrochen, der schon zu Opfern geführt hat – von »Quick« bis zu »Super« und auch bis zu dem offenbar für den Massenmarkt anfänglich zu seriös geplanten Informationsprogramm von Vox. Der Kampf ist nicht nur wegen Neugründungen im »Blätterwald« härter geworden, sondern auch durch die Einführung der privaten Fernsehprogramme.

Die Jagd nach dem Unfallopfer muß notgedrungen zum Bruch der Intimsphäre führen. Die Enthüllung des vermeintlichen Stasi-Spions, des angeblich korrupten Politikers, des scheinbar sexbesessenen Showmasters, des Talkmasters, der etwa einer Sekte angehört (alles konkrete Beispiele!), all das verkauft sich gut, verstößt aber gegen die journalistische Ethik. Vor einer Klage auf Gegendarstellung schrekken viele zurück, nicht wegen der Gesetzeslage, sondern weil sie fürchten, dann aus Rache weiterhin gejagt zu werden. Einige haben die Gerichte angerufen und gewonnen. Aber das hatte für die betroffenen Blätter keine Folgen, schon gar keine finanziell schmerzhaften. Und eine Verurteilung durch den Deutschen Presserat hätte erst dann wenigstens eine kleine Wirkung, wenn das betroffene Medium die Gegendarstellung sehr groß veröffentlichen müßte.

Nun fordern wir ein ethisches Bewußtsein. Doch es ist schon da, es findet nur keine Verbreitung. Im Gegenteil, die ethische Grenze wird gezielt von jenen überschritten, die auf Teufel komm raus Auflage oder Einschaltquote machen müssen. Sie lassen sich nur dann in ihre Schranken weisen, wenn es ihnen weh tut, wenn sie zum Beispiel zu einem hohen Schmerzensgeld wegen Verletzung der Intimsphäre verurteilt würden. Diese »Strafe« müssen nicht Gerichte, die könnte auch ein Medienrat verhängen.

Fluch der Gewalt

Das Thema »Gewalt in den Massenmedien« ist in den letzten zwanzig Jahren immer wieder diskutiert worden, und es wurden gesetzliche Maßnahmen ergriffen. Inzwischen haben die kommerziellen Fernsehsender sogar eine freiwillige »Selbstkontrolle« eingeführt – um der öffentlichen Diskussion und einer staatlichen Regulierung zu entkommen. Die droht nämlich, und das zu Recht: Politiker wie der nordrhein-westfälische Ministerpräsident Johannes Rau fordern sie längst.

Noch streiten sich die Wissenschaftler um die Auswirkungen der Gewalt in Fernsehen, Kino und Videos, jede Theorie hat etwas für sich, doch einwandfrei ist ein Zusammenhang zwischen der Gewalt im Fernsehen und der zunehmenden Gewalt in der Gesellschaft noch nicht erwiesen.

Ohne Zweifel führen aber ein zunehmendes Einbrechen in die Intimität und die Hatz nach der Darstellung des Niederen zu einer Senkung der sittlichen Grenzen, der »Scham« – hier nicht im moralisierenden Sinn der Prüderie gemeint –, die einen Menschen daran hindern soll, gegen die Werte der Gesellschaft zu verstoßen. Über den Wert der Sitte überhaupt – gestern wie morgen –, so klagt der

Philosoph Hans Jonas, bräuchten wir »keine Worte zu verlieren, wenn nicht zwischen dem Gestern und Morgen das Heute mit seiner Auflösung der Sitte läge. Diese ist von den Vulgäraposteln eines entlarvenden Wissens als Einengung der persönlichen Freiheit verschrien, und ihre demonstrative Nichtachtung genießt das Prestige emanzipatorischer, die Aufklärung vollendender Kühnheit.«[75] In diesen Sittenverlust gehört das Schwinden der Scham, das sich verlogen mit Wahrhaftigkeit begründet. Die Abschaffung von Diskretion und Verschwiegenheit bedroht die Integrität der öffentlichen Sphäre nicht weniger als die der privaten. Und das Eindringen des Voyeurismus in den öffentlichen Raum zerstört dessen überpersönlichen Charakter.

Die Verrohung der »Sitten« beginnt mit Kleinigkeiten. Die Frau wird – besonders im kommerziellen Fernsehen – immer mehr zum Sexobjekt. Das schlägt dann auch auf die öffentlich-rechtlichen Anstalten durch: Im Vorspann des nachmittags ausgestrahlten ARD-Magazins »Brisant«, das einer Boulevardzeitung entsprechen sollte, waren pralle nackte Busen und ein ledergeschnürter blanker Frauenpopo eingeblendet. Das hat manch einen besonders deshalb verwirrt, weil diese Sendung von dem konservativen Sender MDR produziert wird. Erst nach einigen Monaten und heftigen internen Protesten wurde der Vorspann entschärft. Auch das ZDF verfiel für den Trailer zu den Übertragungen des Damen-Tennisturniers in Hamburg ins Halbseidene. In dem kurzen Clip war kein Top-Spin, kein As, kein sensationeller Lop zu sehen, sondern nur eine nackte Pobacke, hochrutschende Röcke und eine Hand, die einen Oberschenkel berührte; dazu erklang dezent die Musik von »Pretty Woman«. Die Tennisspielerinnen als Sexobjekte, die Zuschauer als Voyeure. Doch das sind nur Petitessen am Rande.

Inzwischen hat man sich daran gewöhnt, daß Leute weinend zum Reden über ihr Intimleben gebracht werden, daß Frau Schreinemakers sich näselnd über die »haarsträubenden« Künste eines »Schamhaarfriseurs« ausläßt, während im »Einspruch«-Tribunal das männliche Glied vermessen wird, was zu dem Gespräch veranlaßt, wie sehr es sich denn ausdehnen müsse, um das penetrierte Weib in den vaginalen Vollrausch zu treiben.

Gewalt, Haß, Rache sind die niederen Instinkte. Sie zurückzudrängen ist Aufgabe der Tugenden. Aber nicht die Tugenden bringen Geld in die Kasse, sondern Gewalt, Haß, Rache. Und deshalb basieren immer mehr Sendungen darauf. Daß die Anregungen dazu aus den USA kommen, verwundert nicht, ist aber auch keine Rechtfertigung.

In einer Programmzeitung hieß es etwa: »Haß-TV: Feuer frei zur Pöbelei. In den USA ist das Motz- und Kotz-Fernsehen längst ein Hit: Nun läßt auch RTL die Sau raus. Der Mann ist ein Kotzbrokken. Rüde, ruppig, arrogant fertigt der Muster-Yuppie Anrufer ab. Seit Joachim Steinhöfel um halb sieben am RTL-Telefon den Leuten über den Mund fährt, haben wir es auch bei uns: Haß-TV. Provokation aus Prinzip.«[76] Und dann wurden aus amerikanischen Haß-Sendungen die häßlichsten Beschimpfungen abgedruckt. Über die Schauspielerin Sharon Stone wurde dort »gehaßt«: »Eine dumme Nymphomanin, die in fünf Jahren völlig vertrocknet ist wie ein Stück Hundescheiße in der Wüste.«

Natürlich hat RTL nur Ehrbares mit seiner Haß-Sendung im Sinn: Die Anrufer sollen gezwungen werden, Farbe zu bekennen. Selbst wenn eine solche Sendung nicht lange im Programm blieb, dann wird bald Ähnliches folgen. Eine andere Ankündigung: RTL will »seinen Zuschauern demnächst auch zu wirksamen Racheakten vor Millionenpublikum verhelfen: Von April an können Zeitgenossen in der neuen Show ›Rache ist süß‹ zurückschlagen. Das RTL-Team heckt mit dem Geplagten Racheaktionen aus und filmt die Vergeltungsschläge mit versteckter Kamera.«

Noch übertreffen Programme in den USA die deutschen im Überschreiten der sittlichen Grenzen, obwohl manche besonders offenherzige Sexszenen in US-Serien eigens für das europäische Publikum eingeschnitten werden. In Amerika dürfen sie nicht laufen. Statt dessen werden im »Court-TV«, im Gerichtsfernsehen, pausenlos und unzensiert Prozesse übertragen. Dort erzählten dann Lorna und John Wayne Bobbitt jede Einzelheit ihrer Ehe und der Vorgeschichte, die Tiefpunkte und die Folgen der Nacht, in der sie ihm den Penis abschnitt. Die Faszination für den Zuschauer besteht darin, daß kein Redakteur die abstoßendsten oder peinlichsten Szenen herausschneiden kann.

Eines der wohl fragwürdigsten Programme kann man für 14,95 Dollar im amerikanischen Pay-TV sehen. Gegen diese Gebühr sendet die Somaphore Entertainment Group (SEG) brutalste Straßenkämpfe, bei denen alles erlaubt ist. Sechzehn Spezialisten in Selbstverteidigung treten in einem Achteck mit eineinhalb Meter hohem Zaun gegeneinander an. Regeln werden nicht aufgestellt, sondern der Sieger wird durch Aufgabe der anderen, durch ärztliche Diagnose – im schlimmsten Fall durch Tod – ermittelt. »Ich möchte nicht, daß jemand stirbt. Es wäre zwar gut für die Einschaltquoten, aber das möchte ich nicht«, sagte der General-Manager von SEG, Campball McLaren.

Die Auflage für das Blatt, die Einschaltquoten bei Funk und Fernsehen bestimmen die Inhalte immer dann, wenn damit Gewinn verbunden ist. Gewinn als Begriff ist in der Kultur der kapitalistischen Gesellschaft merkwürdig negativ besetzt. Gewinn ist ein Antrieb für den Menschen. Es wäre schön, wenn der Mensch so gut sein könnte, hin und wieder von materiellem Gewinn abzusehen und nur nach der Vernunft zu handeln, doch dieses Experiment ist immer wieder gescheitert.

Gewinn ist die Belohnung für Mut, für Tatkraft, für Risikofreude. Gewiß gibt es auch Leute, die machen Gewinne mit fragwürdigem Handel, seien es Waffen, Drogen, Kinderpornos, und man kann sich fragen, ob hier die Ethik der Medien oder die der Wirtschaft anzusprechen wäre. Denn ähnlich wie bei den Waffenhändlern könnte man auch hier »die Verantwortlichen der Medienwirtschaft für die schädlichen Auswirkungen ihrer Produkte«[77] verantwortlich machen. Doch das ist dann meist die kriminelle oder zumindest die unmoralische Seite. In der großen Mehrheit machen Unternehmen ehrlichen Gewinn, und davon haben alle etwas. Denn wo kein Gewinn, ist auch kein Lohn.

Nun ist der Handel mit Zeitschriften und elektronischen Medien ein Unternehmen besonderer Art; denn da geht es nicht um Holz, Kohle oder Stahl, sondern um geistige Inhalte. Und die Inhalte, die transportiert werden, wirken über die Individuen, die sie aufnehmen, auf die Gesellschaft. Deshalb ist die Verantwortung im ethischen Sinn besonders groß. Also müßten diejenigen, die den Einfluß haben, darauf achten, daß die Mitarbeiter äußerst sorgfältig nach ethischen Maßstäben agieren. Das kann sicherlich zum Konflikt mit dem finanziellen Erfolg führen.

Und da sollte die Ethik immer über dem Gewinn stehen. Leider ist das aber in der Wirklichkeit nicht so, wenn auch in Sonntagsreden Verleger gern etwas anderes behaupten. Es ist an der Zeit, daß sich dies ändert. Wenn nun alles über die Auflagenzahl oder die Einschaltquote läuft, gibt es zwei Möglichkeiten: Entweder die Konsumenten handeln, was leider nicht zu erwarten ist, oder diejenigen, die Werbung schalten. Also bräuchten wir eine Medien-Verbraucherkontrolle. Allerdings darf sie nicht benutzt werden, um die Pressefreiheit einzuschränken.

Weil er sich Sorgen um die »ethischen Minima« im Fernsehen macht, hatte Richard von Weizsäcker als Bundespräsident eine kritische Studie über die Programme in Auftrag gegeben und sich Ende Mai 1994 mit den Verantwortlichen getroffen: Jobst Plog kam als Vorsitzender der ARD, Rudi Sölch für das ZDF, und kommerzielle Sender waren durch ihre Haupteigentümer vertreten: Leo Kirch, Dieter von Holtzbrinck und Günter Prinz (Springer) für SAT.1, Mark Wössner (Bertelsmann) und Helmut Thomas für RTL. Kritisiert wurden Sex, Gewalt und die Verflachung der Nachrichten in einem »Bericht zur Lage des Fernsehens«, der unter dem Vorsitz des ehemaligen Bundesverfassungsrichters Ernst Gottfried Mahrenholz ausgearbeitet worden war. Die

Vertreter der kommerziellen Sender widersprachen heftig. Leo Kirch maulte, die Studie sei von keiner Sachkenntnis getrübt und betreffe seine Sender nicht. Also wird auch nichts geschehen.

Von Weizsäcker meint deshalb, eine »Stiftung Medientest« müsse her, die nach dem Vorbild der Stiftung Warentest ethisch fragwürdige Programme beobachtet und Rügen erteilt. Sicherlich könnte das Gütesiegel dieser Anstalt bei Werbekunden genauso wirken wie eine Rüge.

Betroffenheit
als Handlungsmaxime

Die negative Wirkung der Massenmedien kann nicht vom Gesamtzustand unserer Gesellschaft getrennt gesehen werden. Rache-, Haß-, Sex- oder Gewaltsendungen werden die Sittlichkeit weiter zerstören. Ebenso wie auch die Überschreitung der Privatsphäre in Skandal- oder Klatschsendungen oder - berichten in der Boulevardpresse die Schamgrenze weiter senkt. Das ist die eine Seite.

Auf der anderen Seite wirkt das Medium Fernsehen im Staat und auf die Regierungen heute schon stärker als die ethischen Werte, die Politiker zum Handeln verpflichten sollten. Das Fernsehen ist an deren Stelle getreten und zur Ersatzmotivation geworden. Dafür mehren sich die Beispiele. Die Hungersnot in Somalia dauerte schon Monate an, alle betroffenen humanitären und politischen Organisationen – wie die UNO – waren informiert. Doch zu der großen UNO-Hilfsaktion kam es erst, nachdem Fernsehanstalten in der westlichen Welt mitleiderregende Reportagen über sterbende Kinder und Frauen sendeten. Die Landung der amerikanischen Marines am Strand von Mogadischu: nachts im Scheinwerferlicht der Kameraleute aus der ganzen Welt, war die entsprechende In-

180

szenierung – und auch als Theater politisch gewollt. Die Politiker handelten nicht, weil Werte wie Menschlichkeit, Barmherzigkeit oder internationale Solidarität sie dazu verpflichten, sondern weil sie spürten, daß ihre Wähler von den traurigen Bildern so betroffen waren, daß sie ein Engagement erwarteten.

Im Bürgerkrieg von Bosnien läßt sich der Einfluß einzelner Fernsehereignisse auf die Politik noch präziser belegen. Anfang Februar 1994 wurde Sarajevo täglich von den bosnischen Serben beschossen, die UN-Blauhelme zeigten sich hilflos. Die Verhandlungen waren zum Stillstand gekommen. Es lief nichts mehr, wie man in solchen Fällen sagt. Einige Monate zuvor hatte der amerikanische Außenminister Warren Christopher erzürnt verkündet, die Außenpolitik der USA dürfte nicht vom Fernsehen gemacht werden. Die US-Regierung hielt sich im Bosnien-Konflikt zurück.

»Die Europäer hatten einen kohärenten Plan vorgelegt, aber die Russen trieben die Serben zur Unnachgiebigkeit, und die Amerikaner rieten den Muslimen nicht ab, den Krieg fortzusetzen«, stellte der französische Außenminister Alain Juppé die Lage zu dieser Zeit dar.[78] Warren Christopher reagierte nicht auf den europäischen Vorschlag, die Muslime zur Annahme der westlichen Friedenspläne zu bewegen. Juppé: »Er wollte nicht den mindesten Druck ausüben. Und er blieb taub gegen mein Argument, daß nach einem Abzug der UN-Sicherheitstruppen die Amerikaner mit ihren Versprechungen an die Muslime allein dastünden.«

Das Verhalten der US-Regierung stand jedoch im Einklang mit den Umfragen: 65 Prozent der Amerikaner meinten, ihr Land solle sich aus dem Konflikt in Bosnien-Herzegowina heraushalten.

Der französische Außenminister drängte auf ein Eingreifen der NATO, obwohl er auch in Frankreich Schwierigkeiten hatte. Staatspräsident François Mitterrand war zögerlich, Premierminister Édouard Balladur hielt es mit dem Präsidenten. Auch Verteidigungsminister François Léotard beruhigte am 4. Februar die Russen, NATO-Luftschläge kämen genausowenig in Frage wie irgendeine Aktion Frankreichs gegen die Serben. Die Franzosen seien unparteiisch.

Am Samstag, dem 5. Februar, gegen 15 Uhr piepten die Nachrichten-Monitore in der »Tagesthemen«-Redaktion wie bei allen Massenmedien der Welt. Eine Eilmeldung berichtete von einem Blutbad auf dem Markt von Sarajevo. Kurz darauf wurden die ersten grauenvollen Bilder überspielt.

In dem Bericht unseres Korrespondenten Friedhelm Brebeck nahmen wir wieder eine Kürzung vor, weil die Redaktion einhellig der Meinung war, einige der Bilder sollten wegen ihrer Brutalität nicht gezeigt werden. Im Anschluß an den Bericht schalteten wir nach München, wo Bundesverteidigungsminister Volker Rühe an der Wehrkundetagung teilnahm. Dort hatte der amerikanische Verteidigungsminister William Perry vorsichtig angemerkt, falls andere Druckmittel nicht ausreichten, stünden »stärkere Maßnahmen« zur Debatte. Dagegen forderte der belgische Außenminister Wily Claes Luftangriffe der NATO gegen serbische Positionen rund um Sarajevo:»Es ist unsere moralische Pflicht, einen Trennstrich zu ziehen und den Serben klar zu zeigen, daß sie zu weit gehen.«

Ich zitiere in meiner Moderation dieses Statement und fragte Volker Rühe, eine Betroffenheits-Reaktion provozierend:»Herr Rühe, was empfinden Sie persönlich nach solch einem Schlag?«

»Ich hab' schon in den letzten Tagen, vor allen Dingen, als ich die toten Kinder gesehen habe, wenn man Kinder im selben Alter hat, das als grauenvoll empfunden«, antwortete Rühe.»Aber die Massaker werden immer schlimmer, und ich glaube, wir verlieren alle unsere Glaubwürdigkeit, wenn wir nicht jetzt endlich doch zu neuen Maßnahmen kommen.«

Im Lauf des Gesprächs forderte Rühe auch – sehr vorsichtig formulierend – militärische Maßnahmen der UNO bzw. der NATO.

Weltweit liefen an diesem Tag diese Bilder in den Nachrichtensendungen und wurden entsprechend kommentiert. Kaum hatte der französische Außenminister Alain Juppé sie in den Abendnachrichten in Frankreich gesehen, griff er zum Telephon, rief US-Außenminister Warren Christopher an und sagte ihm, die NATO müsse nach diesem Massaker dafür sorgen, daß die Belagerung von Sarajevo aufgehoben werde. Juppé plädierte für ein zehntägiges Ultimatum. Christopher hielt mehr von einem Vergeltungsschlag gegen die serbische Artillerie. Juppé telephonierte mit Klaus Kinkel und anderen Außenministern in Europa. In Frankreich konnte er seine Widersacher in der Regierung überzeugen, und nur vierundzwanzig Stunden später, am Sonntag, dem 6. Februar, gaben Außenminister Juppé und Verteidigungsminister Léotard gemeinsam den Plan bekannt: Den Serben wird ein zehntägiges Ultimatum gestellt, um ihre schweren Waffen in einem Umkreis von zwanzig Kilometern von Sarajevo zu entfernen. Andernfalls würden sie von der NATO-Luftwaffe zerstört.

Einen Tag nachdem die Fernsehbilder über die zerfetzten Leichen, die stöhnenden Verletzten, das Blut auf dem Marktplatz gesendet worden waren, machte »ABC-News« eine Umfrage. Sie ergab, daß in den USA das Meinungsbild sofort nach der Ausstrahlung der Greuelbilder umgeschlagen war. Jetzt befürworteten sechzig Prozent Luftangriffe der U.S.-Air Force und der Europäer. Der Fortgang der Ereignisse ist bekannt.

Der französische UDF-Abgeordnete François Deniau, Mitglied der Mehrheitsfraktion, urteilte einen Monat später so: »Die französische Politik war ausschließlich bestimmt durch die Medien.«[79]
Und nicht nur dort!

Welche Erfolge die Kombination von Fernsehen und »Betroffenheitspolitik« zumindest kurzfristig zeitigen kann, zeigt das Beispiel des Populisten unter den französischen Philosophen, Bernard-Henri Lévy, der einen »Betroffenheitsfilm« mit dem Titel »Bosna!« in Sarajewo drehte, ihn bei den Filmfestspielen in Cannes zeigte und – weil niemand wagte, darauf *nicht* einzugehen – solch eine Publicity erhielt, daß er für die Europawahlen im Juni 1994 eine »Betroffenheitsliste« unter dem Namen »Europa beginnt in Sarajevo« aufstellte; viele französische Intellektuelle waren gleich dabei.

Die politische Hauptforderung dieser Wahlliste war die Aufhebung des Waffenembargos für die bosnischen Verteidiger, damit sie sich gegen serbische Angriffe wirksam wehren könnten (was aber zur Verlängerung des Krieges führen würde, denn die Bosniaken würden, verstärkt durch die zusätzliche Rüstung, versuchen, von den Serben eroberte Gebiete zurückzuerkämpfen). Und wie zu erwarten, hatte die Forderung – weil durch eine breite Medienkampagne getragen – wahlpolitische Folgen.

Der ehemalige Premierminister Michel Rocard, als Führer der sozialistischen Europaliste, stand der Forderung, das Waffenembargo aufzuheben, zunächst skeptisch und zaudernd gegenüber, übernahm sie dann aber doch und stellte sich so in offene Opposition zu Staatspräsident François Mitterrand. Aber Rocard wollte 1995 für das Amt des französischen Staatspräsidenten kandidieren und sich so auf die, wie er es einschätzte, wahlwirksame Seite der »Betroffenheit« stellen. (Inzwischen wird ihm das Debakel der Sozialisten bei der Europawahl angelastet, und er ist von seinen Ämtern zurückgetreten.)

Die Betroffenheitsliste der Philosophen wurde fristgerecht eingereicht, als die Vorhersagen von einem Erfolg ausgingen. Zwölf Prozent werde die Liste erreichen, verkündeten die Umfragen. Freitags hatten Bernard-Henri Lévy, André Glucksmann und andere ihre Kandidatur angemeldet, montags darauf zogen die Philosophen Lévy und Glucksmann sie schon wieder zurück. Denn sonntags gab eine neue Umfrage ihrer Liste nur noch weit unter fünf Prozent. Wahlkampfgelder werden nur den Listen erstattet, die die Fünf-Prozent-Hürde überschreiten. Jeder Wahlkampf kostet aber Geld, und es hätte sicherlich einige Millionen Franc gekostet, für die Intellektuellen-Liste zu werben. Dieses Geld wollte aber keiner von ihnen riskieren. Die Betroffenheit war wohl kaum mehr als ein Werbegag für einen Intellektuellen.

Über die Jahrtausende hinweg waren es die Philosophen, die sich darum bemühten, das Gute zu definieren. Seit den alten Griechen streiten sie um eine gültige Definition der Ethik. Welch ein Zeichen des Verfalls ist es aber, wenn Philosophen die Betroffenheitspolitiker kopieren und nur noch »marktorientiert« handeln, sie, die selbst den Schierlingsbecher nicht fürchten sollten, wenn es darum geht, die ethischen Grundwerte vor dem Verfall zu retten!

So wie Philosophen gehalten sind, dem Denken Richtung zu weisen, so sollen Politiker an der gesellschaftlichen Willensbildung mitwirken, indem sie vorherrschende Stimmungen und Ansichten über Probleme in der Gesellschaft diskutieren, zusammenfassen und – je nach ihrer ideologischen Ausrichtung – Lösungsvorschläge machen. Dabei betonen die Konservativen meist den Wert Freiheit stärker, die Progressiven die Werte Gleichheit und Brüderlichkeit. Die Parteien beziehen Position, geben ihre Wertorientierung vor und müssen die Wähler dann von der Richtigkeit ihres Programms überzeugen. In allen Grundsatzprogrammen der etablierten Parteien strotzt es deshalb vor »Werten«. So hatte die Politik bisher einen gewissen Einfluß auf die Wertebildung.

Die Betroffenheitspolitik ist jedoch Teil eines neuen Trends in der Politik, dem es nicht mehr darum geht, an der gesellschaftlichen Willensbildung teilzuhaben, sondern nur noch in der Bevölkerung bereits vorhandene Stimmungen und Ansichten in griffige Schlagworte umzusetzen.[80] Der erste, der dies mit großem Erfolg praktizierte, war der amerikanische Präsidentschaftskandidat Ross Perot, der ganz im Sinn einer neuen »Marketingorientierten« Politik vorging – und dazu fast ausschließlich das Fernsehen benutzte. Ganz offen erläuterte Ross Perot sein Polit-Marketing: In einem Artikel in der »New York Times« schrieb er, er mache Politik nach der gleichen Methode, mit der Kaufhauskönig Sam Walton einer der reichsten Männer Amerikas wurde, indem er nämlich den Kunden genau zuhörte und besonders schnell deren Wünsche befriedigte. Und, so Perot: »Leider haben die Parteien den Kontakt zu dem amerikanischen Volk verloren. Keine von ihnen hat einen Sam Walton.«[81]

Nach dieser Methode geht auch der österreichische Populist Jörg Haider vor. Dies ist der Erfolg der italienischen Lega Nord, und diese Marketing-orientierte Wahlstrategie führte zum Triumph des neuen italienischen Ministerpräsidenten Silvio Berlusconi. Sein Wahlsieg ist der Beweis dafür, daß die Form der Kommunikation wichtiger ist als der Inhalt der Mitteilung. Eine Gesellschaft muß deshalb davor geschützt werden, daß die Konzentration der Massenmedien zu groß wird – daß eine Person sie so mißbrauchen kann wie der Fernseh-Eigentümer Berlusconi.

Die »vierte Gewalt« wird übermächtig, wenn es dort keine wirtschaftliche Vielfalt mehr gibt. Und die Bundesrepublik befindet sich auf einem gefährlichen Weg, wo drei, vier Konzerne – Bertelsmann, Springer, Leo Kirch und Holtzbrinck – inzwischen den Fernseh- und Print-Markt unter sich aufteilen.

In den USA darf ein Fernsehbetreiber in seinem Sendegebiet keine Zeitung besitzen. Solche Regelungen, die in Deutschland nicht existieren, schützen die Demokratie. Wenn nun in einer Gesellschaft, in der die Werte schwinden, die Politiker und die Verantwortlichen der Massenmedien nicht mehr auf die Verbreitung der Werte Wert legen, sondern sich nur noch nach den Gelüsten des Marktes richten, dann erreichen wir bald die unterste Stufe von Platons Skala der Staatsformen: die Ochlokratie, die Herrschaft des Pöbels.

Freiheit – Gleichheit –
Brüderlichkeit

Grenzen des Erlaubten

Ende Oktober 1993 löste die Nachricht von der Klonierung menschlicher Embryonen in den Labors der George-Washington-Universität Ratlosigkeit und Entsetzen aus. Wo bleibt die Ethik der Forscher? ertönte weltweit der Schreckensruf. Dabei war genetisch nichts Neues geschehen – nur das, was die Natur mit eineiigen Zwillingen macht und der Mensch mit Tierembryonen schon künstlich nachvollzogen hat. »Politiker aller Parteien in Deutschland haben diesen Versuch als ethisch nicht vertretbar abgelehnt«, hieß es in meiner Anmoderation zu dem »Tagesthemen«- Bericht über diese »Gen-Spielereien«.

Der Grund für das Unbehagen der Menschen liegt im Bereich ihrer Vorstellungskraft. Jeder Mensch besitzt seine eigene Identität, und wenn die Natur »aus Versehen« eineiige Zwillinge zur Welt kommen läßt, dann sucht man nach Merkmalen, die die beiden unterscheiden, um die jeweiligen Individuen zu identifizieren. Nachdem die Öffentlichkeit erschreckt auf die Meldung aus Washington reagiert hatte, erklärten die Wissenschaftler, sie hätten das Experiment nur deshalb vorgenommen, um die Welt auf die Gefahren aufmerksam zu machen, die in den Möglichkeiten der modernen Technik steckten.

Nun ist das Verbreiten von Angst nie ein gutes Mittel gewesen, um die Vernunft anzuregen. Und leider haben die Massenmedien die Tendenz, über neue Technologien eher Angst zu verbreiten als zu informieren. Horror vor Frankenstein verkauft sich in der Schlagzeile besser.

In Deutschland ist der Acker Angst besonders gut gedüngt, da die Vergangenheit des Dritten Reiches mit dem Rassengedanken, den Menschenversuchen in den KZ, der Eugenetik und Sterilisation jeden kritisch denkenden Menschen sofort wachsam werden läßt. Allerdings blockiert Angst häufig das rationale Denken, weshalb Überreaktionen vorkommen. So ist unter Wissenschaftlern eine heftige Diskussion darüber entbrannt, ob es eine besondere Bio-Ethik geben müsse. Eine Ethik der Technologie, die losgelöst sei von der Ethik der Gesellschaft.

Der Philosoph Hans Jonas erhebt im technologischen Zeitalter die »Verantwortung« zum neuen, höchsten Wert. Bisher habe die Ethik das Handeln in der Gesellschaft stets auf die Gegenwart bezogen, doch durch die technologische Entwicklung wirke das Handeln des Menschen von heute noch ewig nach – allein durch Atommüll Tausende von Jahren. Die Zerstörung der Natur hinterläßt den nachfolgenden Generationen eine Last. Die unkontrollierte Technik kann die Welt in eine Orwellsche Diktatur verwandeln.

194

Neues hat die Menschen immer wieder erschreckt. Sie wollten es nicht, selbst wenn es so segenbringend war wie die Pockenschutzimpfung im 19. Jahrhundert, und haben sich dann doch daran gewöhnt. Bedeutet dies aber, daß wir alles dürfen, was wir können? Kommt es nur darauf an, daß wir uns an den Gedanken gewöhnen? Manchmal habe ich den Eindruck, hier geht es – etwa bei der Bio-Technik – um eine Diskussion zwischen Fundamentalisten, Realisten und Opportunisten.

Der Fundamentalist sagt: Beim Beten darf man nicht rauchen.

Der Realist sagt: Beim Rauchen darf man aber beten.

Der Opportunist sagt: Man darf beides, solange man beides kann.

Die fundamentalistische Position lautet: Die unbekannten Gefahren der Bio-Technik seien so gravierend, daß diese Wissenschaft grundsätzlich eingeschränkt werden müsse.

Der Realist meint: Die Natur selbst ist ein Vorbild für die Bio-Technik, nur hat der Mensch jetzt gelernt, die Mechanismen der Natur zu lesen und nachzuahmen. Zunächst einmal ist Technik weder gut noch schlecht. Aber der Mensch kann mit den neuen Erkenntnissen viel Gutes tun; Kriminelle oder Wahnwitzige allerdings auch Böses. Es liegt nur an der Gesellschaft, mit der Einbeziehung der neuen Technologien in die ethischen (und gesetzlichen) Grenzen zu verhindern, daß Böses getan wird.

Der Opportunist meint: Die gesellschaftliche Ethik muß getrennt werden von der technischen Ethik. Denn was wir jetzt können, geht weit über das hinaus, was Philosophen und Religionen in ihrem moralischen Denken vorhersehen konnten. Außerdem: Die Märkte der Zukunft für Bio-Technik dürfen durch nichts eingeschränkt werden.

Es ist unbestritten, daß auf zahlreichen Gebieten die Kenntnisse über Genome und Gene zu einer Revolution der Naturwissenschaften geführt haben. Die Lebensmittelproduktion wird davon beeinflußt. Besonders aber betrifft die Gentechnologie den Menschen. Er kann, wie gesagt, jetzt geklont werden. Technisch ist es möglich, einen großen Muskelprotz zu züchten, der ein hervorragender Basketballspieler werden könnte, oder ein blondes Barbie-Püppchen als Photomodell. Aber das sind nur die Skandalmeldungen für die Massenmedien. Von den Chancen ist dort nicht die Rede.

Ich selber sehe zunächst nicht, wo das ethische Problem liegen sollte: Wenn sich alle darauf geeinigt haben, daß die Würde des Menschen als universelles Prinzip die Grundlage aller Ethik und der darin beheimateten Werte ist, dann gilt die Würde des Menschen auch als Maßstab für die Wissenschaft. Sicherlich muß in Einzelfällen festgelegt werden, welche biologischen Vorgänge gegen unsere Vorstellung der Würde und die Verantwortlichkeit für die Zukunft der Menschheit verstoßen und welche nicht.

Ohne Genmanipulationen werden wahrscheinlich weder Krebs noch Aids besiegt werden können. Genversuche an todgeweihten Krebskranken finden in vielen Ländern der Welt schon statt. Krankheiten durch neue Erkenntnisse zu heilen ist geradezu ein Muß der ärztlichen Ethik. Gengesteuerte Untersuchungen ermöglichen es heute schon, Erwachsene auf Erbkrankheiten, aber auch ein Kind lange vor der Geburt auf dessen Gesundheitszustand zu untersuchen.

Hinter diesen Möglichkeiten steckt ein enormer Markt, wie Orri Friedman, Gründer und Chairman eines amerikanischen biotechnischen Unternehmens, schildert: »Wenn Sie in der Gesamtbevölkerung Reihenuntersuchungen durchführen, wenn Sie Risiko-Untersuchungen machen können, dann wird das ein Multi-Millionen-Dollar-Markt. Wenn Sie den Leuten mit absoluter Sicherheit sagen können, ob sie die Veranlagung für irgendeinen Krebs haben, dann haben Sie einen Markt von 250 Millionen Amerikanern ... Dann wird es bald genetische Ausweise von jedem Menschen auf Erden geben: das wird anfangen mit einzelnen Gruppen, mit den Gefängnisinsassen, mit den Soldaten ...« Und wenn man die 3,5 Millionen Neugeborenen allein in den USA gen-untersucht, so wäre das »ein Markt von einer halben Milliarde«. Dagegen ist nichts einzuwenden; es wird nur die Fundamentalisten aufbringen, die aus emotional-ideologischen Gründen an Markt und Gewinn etwas auszusetzen haben.

Das Problem liegt woanders. Schon bevor der Mensch gezeugt wird, kann er gen-bestimmt werden. Die Eizelle der Mutter und der Samen des Vaters werden untersucht. Dort kann – theoretisch – schon eine Manipulation vorgenommen werden, etwa wenn eine Erbkrankheit vorliegt. In solch einem Fall wäre dies zu überlegen. Der EU-Entwurf zu einer Konvention der Bioethik schließt die Manipulation von menschlichen Geschlechtszellen aus therapeutischen Gründen nicht aus, nationale Gesetze in der Bundesrepublik und in Frankreich tun dies jedoch. Der oberste Grundsatz lautet, daß die Interessen der Menschen über denen der Wissenschaft stehen sollen.

Was aber ist das Interesse eines Paares, das sich ein Kind wünscht? Erstens, daß die Befruchtung klappt. Wenn nicht, dann helfen die bio-technischen Möglichkeiten nach, die immer perfekter geworden sind. Wie weit dürfen wir gehen? Zweitens, daß das Kind gesund ist. Durch die gen-technischen Untersuchungen weiß der Arzt sehr bald über den Zustand eines Kindes Bescheid. Jetzt entstehen mannigfaltige Probleme. Hat das Kind einen leichten »Schaden«, werden die Eltern dann schneller abtreiben als bisher? Die perfektionierte genetische Vorhersage kann zu dem Wunsch nach einem »perfekten Kind« führen.

»Menschlich« bedeutet in unserer bisherigen Vorstellung, so wie die Natur (oder Gott) das Lebewesen mit all seinen Fehlern geschaffen hat. Jeder ist

198

so, wie er aus dem Mutterleib geboren wurde, das macht seine Individualität aus. Die medizinischen Möglichkeiten könnten – wenn die Gesellschaft das Menschliche als Teil ihrer Würde nicht hoch genug hält – zu einer neuen Definition von Gesundheit führen: genetisch gesund. Mensch ist, wer ohne genetische Fehler geboren wird. Der Begriff der Gesundheit bezeichnet dann nicht mehr die Grundlage menschlicher Existenz, sondern das Optimum dessen, was der Mensch genetisch im reinsten Fall sein könnte.

Sollte dieser genetisch-technische Begriff die Gesellschaft erobern, dann werden Eltern ihre Embryonen genetisch daraufhin überprüfen lassen, ob sie dem genetischen Gesundheitsbegriff entsprechen, und im Zweifel abtreiben. Damit wird die genetische Veranlagung zum Merkmal der Selektion. Daraus könnte folgen – wie gesagt: falls die Gesellschaft die Menschenwürde nicht hochhält –, daß die genetische Behinderung eines Kindes dem mangelnden Verantwortungsbewußtsein der Eltern angelastet würde. Das spielt bei der Diskussion in den USA heute eine Rolle. Um dem dadurch entstehenden sozialen Druck zu entgehen, würde die Mutter eine Abtreibung vornehmen lassen. Wird aber Behinderung in der Gesellschaft zum allgemeinen Begriff der genetischen Anomalie, dann wird die bisher schon unfreundliche Einstellung gegenüber Behinderten und ihren Eltern in eine Stigmatisierung umschlagen.

So wurde durch den technischen Fortschritt verwirklicht, was Adolf Hitler und die Nazis mit dem Lebensborn erträumten: die Zucht einer »reinen« Rasse. Um dem entgegenzuwirken, muß die Ethik darauf bestehen, daß Gentechnologie nur zu therapeutischen Zwecken benutzt werden darf.

Beseelt von den Möglichkeiten, vertreten die Opportunisten, die allein nach der Zweckmäßigkeit handeln, die Meinung, die gen- und humantechnologischen Wissenschaften müßten in ihrer Verantwortung von der geltenden Ethik abgekoppelt werden. Statt dessen, so der Bochumer Professor Hans-Martin Saß, solle eine Forschungsethik sich »im Vorlauf vor den technischen Möglichkeiten« bewegen und sich zu einem technologischen »Ethos der Manipulation« bekennen. Saß steht offen zu der Behauptung, daß Wissenschaftler in einer technologischen Gesellschaft nicht auf der Grundlage der allgemeinen moralischen Gesetze für alle Bürger arbeiten könnten.[82] Als sei er eine Karikatur der Filmfigur Dr. Seltsam, jubelt Saß, die Menschheit hinge – dank der Erkenntnisse der Genforschung – nicht mehr von der Lotterie der Natur ab, jetzt könne sich jedes Paar wünschen, ob es einen Jungen oder ein Mädchen möchte, etc. Er ist nicht nur für das pränatale genetische »Screening« aller menschlichen Föten, sondern auch für eine militärisch orientierte Gentechnologie.

Saß ist kein Einzelfall. In seinem Lehrbuch »Gentechnik« schreibt Professor H. G. Gassen von der

TH Darmstadt, die Gentechnik beschleunige »die Konstruktion von Lebewesen nach von uns geforderten Bedingungen«.

Es besteht kein Zweifel, daß die Würde des Menschen in Gefahr ist. Wissenschaftler in Deutschland wollen die Frage der Ethik nicht mehr der Gesellschaft überlassen, sondern bemühen sich um eigene Festlegungen – um die Diskussion zu ihren Gunsten zu beeinflussen und die ethischen Grenzen zu erweitern. So finanziert der Stifterverband der deutschen Wissenschaft ein Projekt mit der Aufgabe: »Menschenwürde und Personschutz. Eine kritische Sichtung und Bewertung der Verwendung des Personbegriffs in der neueren bioethischen Debatte.«[83] »Person« ist nach dort angestellten Überlegungen nicht gleich »Mensch«, sondern Person ist mehr wert. Der Mensch wird erst zur Person, wenn er im gegenwärtigen Besitz bestimmter Eigenschaften und Zustände ist. Das Wörtchen *gegenwärtig* erhält hier eine besondere Bedeutung. Denn *gegenwärtig* heißt: solange er lebt.

Diese Unterscheidung ist – so die Projektgruppe – »nicht nur von theoretischem Interesse«, sondern hat unübersehbare Folgen für den Umgang mit Fragen um Leben und Tod, Lebensanfang und Lebensende. Die Unantastbarkeit, die mit dem Personbegriff[84] dem Menschen qua Menschen zugesprochen worden ist und die sich im Begriff Menschenwürde niederschlägt, wird damit auf diejenigen beschränkt, die über bestimmte Eigenschaften verfügen, die sie als Personen ausweisen.

Diese Beweisführung wird benutzt, um die Idee der Würde des Menschen und die daraus entspringenden Menschenrechte einzuschränken, wenn nicht gar zu amputieren. Es geht den Wissenschaftlern darum, die Unantastbarkeit der Person genauso zu relativieren wie das Verbot, diese Unantastbarkeit von etwas anderem abhängig zu machen als von dem, Mensch zu sein.

Der Hintergrund ist ein praktisch medizinischer: Es geht um Transplantationen. Wann darf der Chirurg einen Toten plündern? Ist er eine »Person« im gegenwärtigen Besitz gewisser Eigenschaften (Hirntätigkeit), dann gilt – nach dieser ethischen Auslegung – noch die Menschenwürde. Ist er – nach dieser Definition – »nur« noch Mensch, dann gelten weder Würde noch Menschenrechte, dann kann der Arzt aus dieser würde- und herrenlosen Sache nehmen, was er verwerten kann.

In den USA – Vorreiter in diesem Wertewandel – sind die Krankenhäuser schon weiter. In Pittsburgh, so berichtete der ARD-Korrespondent Werner Sonne am 14. Juni 1994 in den »Tagesthemen«, findet alle paar Stunden eine Organverpflanzung statt: »Über 1200 im Jahr, Herz, Lunge, Niere, Magen oder eine Leber. Und trotzdem stehen immer noch 30 000 Schwerkranke auf der Warteliste. Ein

Bedarf ohne Ende. Und damit man ihn besser befriedigen kann, wagen sich die Ärzte in Pittsburgh einen Schritt weiter vor. Nicht mehr der Hirntod ist entscheidend, man schaltet auch schon mal die Maschine bei einem todkranken Organspender ab, um zu einem Herzstillstand zu kommen.«

Diese Aufteilung in Person und Mensch ist ethisch nicht vertretbar. Denn die Würde des Menschen bleibt ihm über den Tod hinaus. Der Mensch muß das Recht haben, eine Verfügung gegen eine Entnahme von Organen aus seinem toten Körper zu treffen. Denn nicht alles, was medizinisch machbar ist, darf oder muß gar getan werden. Jeder Mensch hat zwar ein Recht auf Leben, so wie es ihm die Natur gab. Aber er hat keinen selbstverständlichen Anspruch auf ein Leben mit einem Transplantat: Er hat nur die Chance dazu.

Selbst die Wissenschaftler sehen in der immer perfekter werdenden Transplantationsmedizin ein gesellschaftliches Problem. Je einfacher eine Transplantation mit nicht einmal mehr ganzen Organen wird, um so leichter läßt sich der Hinweis auf die bedrohlichen Folgen einer gefährlichen Lebensweise in den Wind schlagen. Sind die gefährdeten Teile eines Körpers leicht ersetzbar, kann der ursprüngliche Körper wie ein Konsumgut aufgebraucht werden.

Die Ethik läßt sich nicht aufteilen in eine für die Gesellschaft und eine für die Genforscher. Es bleibt dabei: Es gibt nur eine Grundlage, und das ist die Würde des Menschen. Und zur Menschenwürde gehört, daß der Mensch so ist, wie er ist: mit Fehlern behaftet. Er hat ein Recht auf Leben und auch ein Recht auf würdiges Sterben. Der perfekte, gen-stilisierte, transplantierte Mensch ist eine entpersonalisierte Wahnvorstellung.

Gerechtigkeit für alle?

Nicht nur die Werte wandeln sich mit den Generationen, auch die Rangfolge hat sich selbst bei den Philosophen über die Jahrhunderte, ja über die Jahrtausende hinweg verschoben. *Freiheit* ist für Gesellschaft, Politik und Wirtschaft heute die Grundformel, ohne die Gleichheit und Brüderlichkeit nicht denkbar wären. Ohne Freiheit kann der Mensch nicht zwischen Gut und Böse unterscheiden. Und frei ist er nur als Individuum. »Auf seine Freiheit verzichten«, sagt Rousseau, »heißt auf seine Eigenschaft als Mensch, auf seine Menschenrechte, sogar auf seine Pflichten verzichten.«[85]

Gleichheit und Brüderlichkeit sind nur Stützwerte der Freiheit für das Funktionieren einer gerechten und sozialen Gesellschaft. Wobei der Begriff *Gleichheit*, oberflächlich betrachtet, falsche Hoffnungen wecken kann. Gleichheit bedeutet nicht, daß alle Menschen die gleichen Ansprüche hätten, noch nicht einmal, daß alle ein Anrecht auf ein Leben in gleichen Umständen geltend machen können. Wer auf dem Land aufwächst, hat nicht die gleichen Anregungen wie der, der in der Großstadt zur Schule geht. Wer von reichen Eltern geboren wird, hat eine bessere Ausgangslage als der von armer Herkunft.

Gleichheit ist zunächst ein rechtlicher Begriff, der als Prinzip vorsieht, daß vor dem Recht ein jeder »ohne Ansehen seiner Person« gleich behandelt werden soll. Das ist der Grund, den heute vielleicht manch einer schon vergessen hat, weshalb Justitia als Statue mit der Waage in der Hand verbundene Augen hat, nicht aber – wie Spötter sagen – weil sie blind ist. Unter Gleichheit verstehen wir also Gerechtigkeit.

Da im modernen Sozialstaat zur Menschenwürde auch das Recht auf eine angemessene soziale Existenz gehört, geht die Gerechtigkeit über das normale Gesetz hinaus. Der Staat hat die Aufgabe, für soziale Gerechtigkeit zu sorgen, dem Armen die gleichen Bildungschancen zu ermöglichen, wie der Reiche sie hat, oder etwa einem Menschen in Not ein Recht auf Unterstützung zuzugestehen.

Bei Platon stand nicht die Freiheit, sondern die *Gerechtigkeit* an erster Stelle auf der Tugendskala, die Anfang des 20. Jahrhunderts in der Ethik (etwa bei dem Philosophen Nicolai Hartmann, später bei John Rawls[86]) an die unterste Stelle tritt. Der Unterschied zwischen Platon und Hartmann liegt in einer anderen, veränderten Einschätzung von Gerechtigkeit, die zu einer unterschiedlichen Definition führt. Für Platon bedeutet der *gerechte* Staat nichts anderes als der ideale, der vollkommene Staat. Hartmann meint, die Gerechtigkeit sei eine sittliche Minimalforderung, die noch kein besonderes sittliches Verdienst in sich birgt.[87]

Das System des Kommunismus stellte die Gleichheit sogar über die Freiheit, weil es die Gleichheit der Besitzverhältnisse als Grundwert einer gerechten Gesellschaft ansah. Voller Stolz behaupten heute nun die Anhänger der »freien« Marktwirtschaft, der Ostblock sei zusammengebrochen, weil der Mensch sich nicht umerziehen lasse: Er wolle frei nach Eigentum streben können und nicht zur »Gleichmacherei umerzogen« werden. Und da nun einmal der eine fleißiger als der andere sei, mehr Risiko auf sich nehme oder einfach geschickter handele, werde der eine reich und der andere nicht. Der Mensch – so die Marktwirtschaftler – wolle, was das Eigentum angeht, nicht gleich sein.

Ein Beispiel aus der Wirklichkeit widerspricht dieser Ansicht. Da besteht im Westen Kanadas die streng nach christlichen Regeln lebende Gemeinschaft der Hutterer, die ursprünglich aus deutschsprachigen Gebieten Europas stammt und jetzt etwa zwanzigtausend Menschen umfaßt. Sie leben in dörflichen Gesellschaften, bei denen es, außer dem wirklich privaten Besitz von Kleidung, Möbeln etc. kein Einzeleigentum gibt. Die Häuser, die Traktoren, die Autos, die Felder sind Gemeineigentum. Der einzelne benötigt nur wenig Geld, da alle Ausgaben aus der gemeinsamen Kasse bezahlt werden. Alle sind gleich – vor Gott.

Und Gottes Werte bestimmen das Leben ihrer Dorfeinheit.

Ich war eine kurze Weile in solch einer Gemeinschaft zu Gast und habe erfahren, daß die meisten äußerst zufrieden mit sich und ihrer Umwelt sind, zufriedener als die Menschen »draußen«. In der Gleichheit »vor Gott« erleben sie eine große Freiheit. Sie duzen jeden, weil sie auch Gott duzen. Und als eine Abordnung der Hutterer der englischen Königin als Monarchin von Kanada vorgestellt wurde, durften die Hutterer auch Elisabeth II. mit »du« ansprechen.

Gleichheit vor Gott ist mehr als die vor dem Recht und dem Eigentum, sie ist Freiheit. Um diese Freiheit zu erhalten, übt die Gemeinschaft einen erheblichen Druck aus, der sich streng an die biblischen Werte – zuerst die Zehn Gebote – hält. (Hutterer sind, weil sie dem fünften Gebot – Du sollst nicht töten – solch großen Wert beimessen, in Kanada vom Wehrdienst befreit.) Es gibt gegen Verstöße strenge Strafen, die von den Ältesten ausgesprochen werden können. Das beginnt damit, daß man einen oder zwei Tage mit den anderen nicht reden darf, und endet mit dem »Bann«, dem Ausschluß aus der Gemeinschaft – entweder für eine gewisse Zeit oder für immer. Das mag so streng wirken wie bei uns »lebenslänglich«.

Wegen der Strenge in der Gemeinschaft, die nicht größer ist als die in jeder anderen Gesellschaft auch, brechen junge Leute hin und wieder aus ihren

Dörfern aus, weil sie die Freiheit draußen für verlockender halten. Die meisten kehren jedoch zurück, weil sie die Vereinzelung in der Marktwirtschaft nicht ertragen. Die tiefe Ruhe, die die Hutterer ausstrahlen, ist bewundernswert. Sie leben ein gesellschaftliches Modell vor, in dem die Mitglieder der Gemeinschaft Einsicht in die Pflichten zeigen. Allerdings kann nach diesen Wertvorstellungen nur leben, wer in diese protestantische Glaubensgemeinschaft hineingeboren worden ist und den Auserwähltheitsanspruch akzeptiert. Die individualistische Welt läßt sich auf diesen »paradiesischen« Zustand gewiß nicht zurückdrehen.

Die Besitzverhältnisse und die damit verbundene Ausbeutung der Nichtbesitzenden waren es, die im 19. Jahrhundert den Klassenkampf um das Eigentum beflügelten. Nach dem jetzt erfolgten Zusammenbruch jenes Teiles der Welt, der die klassenlose Gesellschaft als Utopie zumindest vor siebzig Jahren, zur Zeit der Russischen Revolution, im Geiste mittrug, stellen die Soziologen in Deutschland fest, daß sich hier eine Gesellschaft ohne Stände und Klassen schon angebahnt hat.

»Die Ungleichheit der Menschen in unserer Gesellschaft läßt sich nicht mehr in Klassen fassen«, ist eines der Hauptergebnisse einer Untersuchung des Soziologen Ulrich Beck.[88] Während sich früher Angehörige der oberen Mittelschicht und der Arbeiterschicht durch Kleidung, Sprachstil, Wohnart, politische Einstellung, Konsum, Urlaub oder Automarke unterschieden, sind heute die Zusammenhänge sehr viel unübersichtlicher geworden. Wenn heute ein Mann aus dem Mercedes steigt und Tennis spielt, so Beck, wisse man nicht, ob er Direktor oder Facharbeiter ist.

Mit dem Ausbau des Sozialstaates, der Verrechtlichung der Arbeitsbeziehung, den gleichen Chancen bei der Bildung, dem erhöhten Lebensstandard und der sozialen wie geographischen Beweglichkeit haben sich ständisch geprägte Klassenunterschiede aufgelöst. Allerdings bedeutet dies nicht, daß alle Ungleichheiten verschwunden sind. Daß die Emanzipation der Frau – trotz aller öffentlich bekundeten Einsichten und obwohl die Gleichheit von Frau und Mann nun seit über zwanzig Jahren in aller Munde ist –, immer noch nicht umgesetzt werden konnte, ist ein Skandal. Diese ungleiche Behandlung ist ungerecht. Überall! Für die gleiche Arbeit werden Frauen in den meisten Fällen noch schlechter bezahlt als Männer. Im Fall einer Entlassung sind Frauen eher betroffen als Männer. Und in den meisten Regierungen sind Frauen Alibi-Politikerinnen.

Nun gut, die SPD hat die Quotenregelung eingeführt, doch bei den anderen etablierten Parteien hat man den Eindruck, daß sie im Ausgleich dazu weniger Frauen aufstellen, weshalb die Frauen in der

CDU auch schon murren und von der Quote reden. Im Bundestag sind weibliche Abgeordnete eine Minderheit. In den Medien gibt es keine Frau als Intendantin, wenige in den übrigen Chefpositionen. Es mangelt nicht an kompetenten Frauen, es liegt vielmehr an einer festgefahrenen Männerriege, die in Deutschland Frauen weniger nach oben kommen läßt als in vielen anderen Industrieländern. Das trifft besonders die Wirtschaft und die Finanzinstitute. Auch in der schreibenden Zunft kommen Frauen als Herausgeberinnen, Chefredakteurinnen, Ressortleiterinnen selten vor, obwohl die Wochenzeitung »Die Zeit« ihre beste Zeit unter einer Frau – Marion Gräfin Dönhoff – hatte. Diese Ungerechtigkeiten sind zu beklagen, sind bekannt und werden sich nur ändern, wenn die Einsicht wächst.

Es existieren andere Ungerechtigkeiten, über die in der Gesellschaft eher geschwiegen wird, da die einen kein Interesse an einer öffentlichen Debatte haben, die anderen sich das Türchen aber auch offenhalten wollen, weil sie hoffen, eines Tages davon zu profitieren. So entstehen Tabus. Es gibt eine ungerechte Behandlung zwischen denen, die viel haben, und denen, die nichts haben. Dies ist nicht neu, ist auch keine sozialistische Kritik, sondern eine, die fordert, im Rahmen der Marktwirtschaft für Moral zu sorgen.

Da klagte der Präsident des Bundesfinanzhofs, Franz Klein, auf der Jahrestagung des Bundesverbands deutscher Stiftungen, Parteien – und er meinte natürlich die SPD – würden im Fall eines Wahlsiegs die Reichen höher besteuern. Damit leisteten sie ihrem Land einen schlechten Dienst, denn sie verleiteten die Reichen zur Steuerflucht.[89] Was für eine Moralvorstellung steckt hinter solch einer Bemerkung? Wenn die Reichen unmoralisch (Steuerflucht) handeln, ist es Schuld einer Regierung, die eine Pflicht für die Gesellschaft einfordert!

Finanzhofchef Klein erinnerte an den Ausspruch des Finanzministers von Ludwig XIV., Steuern zu erheben heiße, die Gans so zu rupfen, daß man möglichst viele Federn bei möglichst wenig Schnattern erhalte. Das deutsche Steuerrecht verhelfe dagegen nur zu wenigen Federn bei möglichst viel Geschnattere. Als Hauptübel bezeichnete Klein den Unterschied zwischen der Steuer, die man zahlen müßte, und der tatsächlich gezahlten. Wenn dieser Unterschied nicht verringert werde, zahlten bald nur noch die »Dummen« Steuern; die anderen übertrügen ihre Erträge und Gewinne in Niedriglohn- und Niedrigsteuerländer.

Wenn die SPD davon spricht, die »Besserverdienenden« sollten die Kosten der deutschen Einheit tragen, und damit diejenigen meint, die – als Verheiratete – 120 000 Mark verdienen, so wird die Steuerlast diejenigen treffen, die so wenig verdienen, daß ihnen kein Geld zum Abschreiben bleibt. In diesen

Jahren der Einheit erklären alle Steuerberater den mehr als Besserverdienenden, der Staat habe ihnen ein Jahrhundertgeschenk gemacht: Wer richtig in den östlichen Bundesländern investiere, der zahle fünf Jahre lang gar keine Steuern. Das können nur diejenigen, die mehr verdienen, als sie für ihren Lebensunterhalt benötigen.

Für solch eine ungerechte Lösung kann man immer noch Gründe finden: Der Staat locke auf diese Weise Investitionen dorthin, wo sie dringend benötigt würden. Aber diese gesetzlich geregelte Ungleichheit ist nur ein kleiner Zipfel an gesellschaftlich (staatlich) geduldeter Ungerechtigkeit, die einem Mangel an Ethik bei Staat und Wirtschaft entspringt.

Es geht immer ums liebe Geld. Der Betrug des Immobilienbesitzers Schneider fällt unter die Kategorie Wirtschaftskriminalität, genauso wie die nicht genehmigte Lieferung von Gütern nach Libyen, in den Irak oder den Iran, oder wenn deutsche Firmen helfen, Giftgasfabriken etc. zu bauen. Diese Taten sind strafrechtlich relevant und werden so behandelt. Moralisch macht uns das Ausland – »Auschwitz in the sand« – mehr Vorwürfe, als es die Bundesregierung oder die Standesorganisationen gegenüber der Wirtschaft taten. Hier wäre es moralische Pflicht, öffentlich die betroffenen Unternehmer zu stigmatisieren.

Alles, was nicht verboten ist, gilt im Wirtschaftsleben als erlaubt. Selbst wenn es von noch so großem sozialem Schaden ist, daß es eigentlich verboten werden müßte. Dazu gehört der undurchsichtige Bereich der Steuerhinterziehung. Es gibt in der Gesellschaft eine relativ freizügige Betrachtung dieses Tatbestands. Aber auch der Staat geht damit um, als handle es sich um ein Kavaliersdelikt. Da beginnt die Ungerechtigkeit.

Um den Staatshaushalt zu sanieren, werden den Sozialhilfeempfängern und anderen bedürftigen Gruppen fünfzehn bis zwanzig Milliarden Mark gestrichen, obwohl der Wert Gleichheit ihnen einen – aus der Würde des Menschen hergeleiteten – Anspruch auf Hilfe gewährt. Während die Steuerhinterziehung – so wird geschätzt – den Staat zweihundert Milliarden Mark kostet.

Weshalb, so stellt sich die Frage, sorgt der Staat nicht für eine größere Steuergerechtigkeit, statt den Bedürftigen die Hilfe zu nehmen. Dazu gehörte zweierlei: einmal der Wille, zum anderen die Kompetenz. Man muß »wollen«, denen, die viel verdienen – und deshalb viel an der Steuer vorbeischleusen –, mehr zu nehmen (das könnten sie einer Regierung übelnehmen). Zum anderen müßte man einfachere Gesetze machen, um die Finanzbeamten in die Lage zu versetzen, die Steuergleichheit auch verwirklichen zu können. Das zweite folgt aber nur, wenn das erste gewollt wird. Das ist nicht der Fall, und so duldet der Staat lieber weiter. Die Wirtschaft folgt also weiterhin nicht den Gesetzen, und der Staat schaut zu.

Legale Unternehmen bedienen sich gelegentlich auch illegaler Methoden. Tag für Tag praktizieren Tausende von Firmen Umweltkriminalität, indem sie Fremdstoffe in die Flüsse oder Meere kippen lassen oder indem sie in Drittländern den Müll abladen, den sie in Deutschland nicht entsorgen wollen. Ein anderes Beispiel: Wirtschaftlich ist es sinnvoll, gesetzlich ist es erlaubt, Schiffe unter Billigflaggen fahren zu lassen, Mannschaften aus Asien oder Lateinamerika zu Dumpinglöhnen anzuheuern und – das Schlimmste – dabei alle Sicherheitsstandards zu umgehen. Das ist nur unmoralisch. Solche Verstöße werden häufig als Einzelfälle gesehen, gehören aber in einen größeren Zusammenhang und müssen im Rahmen einer Diskussion um die Ethik einer Gesellschaft ernsthaft geprüft werden – und dürfen nicht leichthin in die Ecke der Kapitalismus-Kritik abgeschoben werden.

Und noch unerfreulicher: Man spricht heute bereits ganz offiziell von Regierungskriminalität. Weshalb duldet sie der Staat? Ein Grund liegt darin, daß jede Regierung ein gesteigertes Interesse hat, die Wirtschaft über das Maß hinaus zu fördern, das noch im legalen Bereich zulässig wäre. Hinzu kommt, daß der Staat eventuell auch versucht, manche Leute zu schützen, sie einer Strafverfolgung zu entziehen oder die sie verfolgenden Behörden zu beeinflussen. In großen Verfahren kommen häufig von mehreren hundert Delikten nur zehn oder fünfzehn aus »prozeßökonomischen« Gründen seitens der Staatsanwaltschaft tatsächlich zur Anklage. So wird nicht der gesamte Umfang des durch den Beschuldigten verursachten Schadens ermittelt – mit Wissen und Wollen der Justiz; etwa, weil der betroffene Unternehmer in der Wirtschaft eine bedeutende Rolle spielt.

Eine Staatsanwaltschaft kann – als Anklagebehörde – auch verhindern, daß es zu einer Anklage kommt. Das Opportunitätsprinzip, das nun gilt, entlastet einerseits den Staatsanwalt, doch jetzt kann er entscheiden, ob ein Wirtschaftsverbrechen seiner Meinung nach sozial schädlich war oder nicht. Da kann er bestimmte Verstöße einfach dulden, nicht unbedingt als bösen Willen. Denn die Staatsanwaltschaften sind mit der Kleinkriminalität total überlastet und zu schlecht ausgestattet, um die komplizierten Vorgänge von großen Wirtschaftsvergehen voll zu erfassen. Da muß der Ankläger zusätzlich Volks- oder Betriebswirt sein und auch noch internationale Zusammenhänge durchschauen, um hinter große Millionenschiebereien blicken zu können.

Zwar bestehen beim Bundeskriminalamt und den Landeskriminalämtern Sonderdienststellen, die allerdings meist überlastet sind und deshalb große Sammelverfahren weiterschieben: vom BKA zum LKA und zur nächsten Polizeidienststelle, so daß es nie wirklich zur Ermittlung kommt.

Aber es fehlen nicht nur die Spezialisten, sondern auch der staatliche Wille. Hier versagen die Innenpolitiker, sogar jene, die so gern nach harten Maßnahmen und »mehr« Polizei rufen. Mehr Polizei wäre nicht vonnöten, es reichte eine Umschichtung: weg von der akribischen Verfolgung der Kleinkriminalität. Die wirklich große Kriminalität richtet einen ganz anderen Schaden für die Gesellschaft an. Mit einem Unterschied: Die Großkriminellen duschen sich häufiger, sprechen ein gepflegteres Deutsch, haben seltener eine »Fahne« und spielen vielleicht auch noch Golf. Die Gewichte bei der Verteidigung der Werte sind hier falsch verteilt.

Die Banken gehören zu dem Wirtschaftszweig, der wegen der internationalen Verflechtung möglichst kaum kontrolliert wird. Und wenn Kontrollen stattfinden, dann geht man nachlässig und großzügig vor. Als die Quellensteuer in Deutschland – auf Druck von Frankreich – eingeführt wurde, erlaubte es der Staat, daß seriöse Institute, wie etwa die Deutsche Bank, sich eine Niederlassung in Luxemburg zulegten (wie alle anderen größeren deutschen Banken auch), damit die Gelder, die vor dieser Steuer flohen, dort in Luxemburg sofort wieder in die gleiche Bank eingezahlt werden konnten. Solches Vorgehen wird nicht nur gesetzlich erlaubt, sondern auch moralisch hingenommen. Wie das Ifo-Institut für Wirtschaftsforschung errechnete, lag das Aufkommen aus der Zinssteuer im Jahr 1993 dann auch um dreizehn Milliarden Mark niedriger als erwartet.

Hunderte von Milliarden verschwinden so in Steueroasen – bis auf die Bahamas oder gar die Cayman-Inseln. Wer aus Deutschland Bargeld entfernen will, dem helfen die Banken ungeniert – und »der Staat« weiß es, ohne an die Pflichten einer Gesellschaft zu erinnern. Da wird von der Regierung nicht an die moralischen Grundwerte appelliert. Statt dessen werden Gesetze gemacht, um die Bevölkerung zu beruhigen, aber mit einem milden Augenzwinkern schaut dieser Staat zu, wie die Wirtschaft die Gesetze wieder umgeht. Häufig haben Fachleute den Verdacht geäußert, in vielen die Wirtschaft betreffenden Gesetzen seien vom Gesetzgeber bewußt Hintertürchen offengelassen worden. Damit schwindet das Vertrauen nicht nur in die Banken, sondern auch in die Politik.

Wie solch eine Hintertür angelegt werden kann, zeigte der Versuch, mit dem die F.D.P. – die Wirtschaftspartei, wie sie sich selbst bezeichnet – das »Waschen« von Geld am »Geldwäschegesetz« vorbei ermöglichen wollte. Um zu verhindern, daß Drogengelder legalisiert werden, müssen Banken ab einer gewissen Summe, die eingezahlt wird, sich über deren legale Herkunft versichern. Nur für Rechtsanwälte sollte – so wollte es die F.D.P. – eine Ausnahmegenehmigung geschaffen werden, so daß es keine Schwierigkeit gewesen wäre, das Gesetz mittels eines Anwalts zu umgehen. Nur weil die

Liberalen es so plump anpackten und Öffentlichkeit wie Opposition sensibel reagierten, konnte verhindert werden, daß das Gesetz in sich schon die Entschärfung beinhaltete. Aber häufig sind Gesetze und deren Schlupflöcher so kompliziert angelegt, daß nur wahre Spezialisten sie verstehen.

Weshalb reagiert nun die Allgemeinheit auf ethisches Fehlverhalten in der Wirtschaft so zögerlich? Sicher liegt es daran, daß jeder einzelne auch seinen kleinen Versicherungsbetrug, seine kleine Falschangabe bei der Steuer, sein bißchen Schwarzarbeit zu verantworten hat, so daß er schweigt, wenn er von den großen Verstößen hört. Das Unrechtsbewußtsein fehlt. Und es schwindet noch mehr, wenn er dann von den immer größeren Gaunereien erfährt, wenn ihm klar wird, wie politische Parteien entweder wegschauen oder aktiv mitmachen. Dann weitet er seine unethischen Praktiken ebenfalls aus. In Buchläden gehören die wohlsituierten Bürger und Bürgerinnen inzwischen zu den regelmäßigen Dieben; in den Supermärkten nimmt auch schon mal ein Politiker etwas mit; Schwarzfahren ist jedermanns Sport. So dreht sich die Spirale des unmoralischen Handelns immer weiter.

Wolfgang Ockenfels, Wirtschafts- und Sozialethiker an der Universität Trier, fordert deshalb eine moralische Marktwirtschaft. Freiheit und Verantwortung sind, so sagt er, die Voraussetzungen sowohl für die Marktwirtschaft wie auch für Moral. Ockenfels beschränkt sich im wesentlichen darauf, von den Unternehmern zu fordern, die »Goldene Regel« – Was du nicht willst, das man dir tu, das füg' auch keinem andern zu! – und die Zehn Gebote einzuhalten. Beileibe nichts Außergewöhnliches.

»Es gibt aber Situationen«, so Ockenfels, »in denen verantwortliches Handeln einen teuer zu stehen kommen kann. Ist man nicht manchmal der Dumme, wenn man sich anständiger verhält als der andere? Sollte man nicht doch besser der Konkurrenz den moralischen Vortritt lassen? Moral ist nicht immer gratis zu haben. Sie kostet meist Selbstüberwindung, Zeit und Geld. Sie ist ein Zeichen von Souveränität, Mut und Stärke – und unterstreicht die Glaubwürdigkeit des Unternehmens. (Das mag sich hoffentlich auch materiell auszahlen.)«[90]

Solidarität im Wandel

Wer kann, nimmt mit. Eine Milliarde Mark an Sozialleistungen wurden innerhalb der ersten neun Monate des Jahres 1993 eingespart, weil die Kontrollen der Bundesanstalt für Arbeit gegen den Mißbrauch verstärkt wurden. Der Leistungsmißbrauch, so eine Pressemitteilung des Bundesarbeitsministeriums, sei jedoch »keine Spezialität der Arbeitnehmer oder Sozialleistungsempfänger, sondern offenbar auch in Arbeitgeberkreisen weit verbreitet«. Wer vom Staat nimmt, dieser falsche Gedanke steckt bei allen offenbar dahinter, der schadet niemandem. Dabei schadet er allen, da alle in die gemeinsame Solidaritätskasse einzahlen, also auch sich selbst. Nur denkt er wahrscheinlich, er hole sich doch nur zurück, was er eingezahlt habe.

Die drei Grundwerte *Freiheit, Gleichheit (= Gerechtigkeit)* und *Brüderlichkeit (= Solidarität)* lassen sich nicht voneinander trennen. So ist es häufig schwierig, den Trennstrich zu finden, wo Gerechtigkeit endet und Solidarität beginnt. Der Weg, den die Solidarität als Wert und Tugend über die Jahrhunderte genommen hat, ist lang: Er führt von der Barmherzigkeit – der Reiche gibt freiwillig dem Armen – über die Brüderlichkeit – alle halten zusammen – bis hin zur staatlich geregelten Solidarität, die jedem notleidenden Bürger einen Anspruch gegen den Staat (die Gesellschaft) zubilligt. Dort sind wir jetzt angekommen, dennoch hört Solidarität da nicht auf.

Schon bei Aristoteles finden wir die Tugend des Wohlwollens, eine Einstellung gegenüber den Mitmenschen, in der einzelne das Gute für den Mitmenschen um des Guten willen anstreben. Da wir in der abendländischen Kultur davon ausgehen, daß die Werte eine universelle Grundlage in der Würde des Menschen haben, nennen wir das Wohlwollen gegenüber der ganzen Menschheit Solidarität.

Im letzten Jahrhundert wurde die Solidarität gegenüber dem Liberalismus erkämpft, doch seitdem die Solidarität in den letzten vier, fünf Jahrzehnten zu einer Sache des Sozialstaates geworden ist, hat sie ihre ethische Ausstrahlung verloren. Schon lange wird das, was staatlich geregelte Solidarität ist, von dem einzelnen Mitglied nicht mehr als reine Brüderlichkeit wahrgenommen, sondern nur noch als ein kostenloses Anrecht.

Daß diese egoistische Auffassung entstanden ist, daran haben die Politiker einen wesentlichen Anteil. In den Wahlkämpfen der letzten Jahrzehnte weckten fast alle Parteien Ansprüche und Erwartungshaltungen, die die Grenzen dessen, was die Gesellschaft leisten kann, bei weitem übersteigen. Die Politiker boten ihren Wählern eine Generalkompetenz in Fragen menschlicher Daseinsvorsorge an. Und die griffen beherzt zu, denn so konnte jeder die Zuständigkeit für die Sicherung seiner eigenen Existenz an den Sozialstaat abgeben. Und da scheint es für die Politiker immer noch keine Grenzen und neuen Einsichten zu geben.

Die 1994 beschlossene Pflegeversicherung wird dieses erleichternde Gefühl, von der Wiege bis zur Bahre versorgt zu sein, noch weiter stärken. Damit fühlt sich der Bürger von einer Last erlöst, denn von nun an ist er noch weniger verpflichtet, Verantwortung für sich selbst oder seine Familie zu übernehmen. Und dies tut er um so lieber, als er seine Lage als einzelner in der harten Wirklichkeit des Wirtschaftslebens als schwach einschätzt, während der scheinbar übermächtige Staat den Eindruck vermittelt, er verfüge über ein unerschöpfliches Leistungsvermögen. Und eingelullt von Wahlversprechen, die der Wähler in diesem Fall gern ernst nimmt, erwartet er vom Staat immer mehr, als er für sich allein leisten kann.

Die Erwartungshaltung uferte mit zunehmendem Wohlstand um so mehr aus, je mehr der Bürger glaubte, sich auf die Leistungskraft, die Verteilungsgerechtigkeit und auf die soziale Gesinnung der Politik verlassen zu können. Grenzen des Wohlfahrtsstaates sah er während des ständigen Wachstums keine. Erst als sich herausstellte, daß diese Erwartungshaltung nicht erfüllt werden kann, setzte Enttäuschung ein. Der Glaube an die Werte begann zu wanken, Mißtrauen führte zu Verdrossenheit.

Im ursprünglichen Verständnis ist Solidarität ein Wert, bei dem jeder weiß, daß er sein Schärflein in eine Gemeinschaftskasse zahlt, aus der heraus den Bedürftigeren gegeben wird. Dieses Verständnis hat sich gegenüber dem anonym handelnden, in seiner Glaubwürdigkeit erschütterten Staat verflüchtigt. Da sich der Sozialstaat durch Steuern und Abgaben finanziert, kann der einzelne schlecht einschätzen, ob er auch eine seinem Anteil entsprechende Gegenleistung erhält. Das entspricht zwar nicht dem Sinn der Solidarität, doch aus Sorge davor, daß andere Bevölkerungsgruppen politisch begünstigt werden, entstand beim Bürger ein »Mitnahmeverhalten«,[91] das sich ausdehnte, je mehr der Sozialstaat wuchs. Und je mehr finanzielle Solidarität der Staat vom einzelnen über Beiträge und Steuern einforderte, desto negativer wurde die Steuergerechtigkeit beurteilt.

Dies sogar zu Recht: Über die Sozialversicherung zahlen ausschließlich die Arbeitnehmer einen großen Teil der Kosten für die deutsche Einheit, während Selbständige und Beamte nicht belangt werden. So erhalten viele Vorruheständler in den östlichen Bundesländern ihre Unterstützung aus der Rentenversicherung, obwohl sie arbeitsfähig sind und über allgemeine Steuergelder entlohnt werden sollten.

Der Sozialstaat verbreitet nicht mehr den Eindruck, hier stehe eine Gesellschaft für alle ein, sondern »indem er individuelle Rechte und Pflichten festschreibt und von der Erwerbsbeteiligung abhängig macht«, so der Soziologe Ulrich Beck, erzieht er den Menschen auf eine ich-zentrierte Lebensweise.[92]

Wenn also der Mensch das Gefühl hat, die Solidarität werde nicht gerecht umverteilt, dann rächt er sich völlig unpolitisch, eben so, wie er es versteht. Er nimmt mit, wo immer er kann, was zu einer wachsenden »Korrumpierung des Alltagsverhaltens« führt. Die staatlich organisierte Solidarität hat ihre Glaubwürdigkeit verloren und wird nicht mehr als ethischer Wert angesehen.

Privat ist die Brüderlichkeit als Tugend trotzdem noch vorhanden. Das zeigen die Bürger immer wieder, wenn sie über die Medien aufgerufen werden, für Notleidende zu spenden. Als die »Tagesthemen« die in Bosnien tätige deutsche Ärztin Monika Hauser zur Frau des Jahres 1993 ernannten, liefen über 800 000 Mark an Spenden für sie ein. Hunderte von Millionen erhalten die großen Wohlfahrtsverbände jährlich, wobei die Deutschen im europäischen Vergleich an der Spitze der privaten Spender liegen. Nicht zu vergessen sind auch die Paketaktionen Anfang der neunziger Jahre für Rußland.

Während in den Großstädten immer weniger Bürger bereit sind, Opfern Hilfe zu leisten, sind

Dorfgemeinschaften noch intakt. Dort schaut man nach der alten Nachbarin, werden die Kinder von nebenan gehütet, bleiben die Pflegefälle in der Familie. Wo man sich kennt, wird geholfen.

Erst die Anonymität schafft Distanz. Das erlebt die wachsende Zahl der Obdachlosen in den großen Städten aller reichen Länder des Westens. Und die Distanz zu ihnen wächst noch, wenn Politiker wie der britische Premierminister John Major sich abfällig über sie äußern, statt das soziale Problem anzugehen: Bettler in Londons Straßen seien eine Beleidigung für das Auge. Major, Chef der Konservativen Partei, will sie vertreiben, notfalls sogar einsperren lassen, denn sie wirken abschreckend auf Touristen und beeinträchtigen die Kauflust.

Eine Obdachlosensiedlung inmitten der texanischen Millionenstadt Dallas wurde zu Zeiten der Fußball-Weltmeisterschaft in den USA geräumt, damit das Image der Stadt nicht leide. Auch in deutschen Großstädten werden Obdachlose ins Grüne abgeschoben, weil sie das Bild einer heilen, reichen Welt stören. So wurden Obdachlose aus der Kölner Innenstadt, wo viele Touristen vorbeikommen, durch einen Beschluß der städtischen Behörden verbannt. Und als ein armer Rollstuhlfahrer sich im Juni 1994 auf der Domplatte sehen ließ, obwohl er von der Polizei schon einen »Verweis« erhalten hatte, wurde er von vierzehn Ordnungshütern eingekreist und – trotz des Protestes der Passanten – wie ein Krimineller in der grünen Minna abtransportiert. So brüderlich ist diese Welt.

Brüderlichkeit wird in den nächsten Jahren wieder verstärkt gefordert werden. Denn in dieser Zeit des ausgehenden 20. Jahrhunderts, in der die Industriegesellschaft sich in eine Dienstleistungsgesellschaft verwandelt und sich deshalb in einer großen Beschäftigungskrise befindet, wird neu darüber nachgedacht, wie die vorhandene Arbeit gerecht verteilt werden kann. Dies erfordert solidarisches Handeln derjenigen, die von ihrer Arbeit etwas abgeben sollen. Und wer die Solidarität als Wert schon abgeschrieben hatte, der wurde durch das Verhalten der Arbeiter – und ihrer gewerkschaftlichen Organisationen – bei Arbeitsverteilungen nach dem Muster von Volkswagen nachgerade eines Besseren belehrt.

Wo Solidarität gerecht erscheint – und wo diese Gerechtigkeit glaubhaft ist –, wird sie vom Individuum immer noch ausgeübt. Nur dort, wo sie von einem Staat gefordert wird, dessen Vertreter zum großen Teil ihre Glaubwürdigkeit verloren haben, gilt sie nichts. Solidarität darf sich jedoch nicht auf eine staatliche Rechtsform beschränken.

In der Gesellschaft selbst, inzwischen auf die ganze Welt ausgedehnt, wird Brüderlichkeit nicht nur in der Gegenwart, sondern auch für die Zukunft der Menschheit zur ersten Pflicht mensch-

lichen Kollektivverhaltens.[93] Die Solidarität mit
den kommenden Generationen beginnt beim be-
wußten Umgang mit der Natur und ihren be-
schränkten Schätzen bis hin zu rein wirtschaft-
lichem Verhalten. Denn die künftigen Konflikte
dieser Erde werden nicht so sehr zwischen den
unterschiedlichen Zivilisationen ausgefochten werden, wie Samuel P. Huntington es mit seinem »The
Clash of Civilizations?« vermutet, sondern zwischen Arm und Reich.

Heute schon kommen die Armen in die Länder
der Reichen und schaffen damit den wohlhabenden
europäischen und nordamerikanischen Ländern erhebliche innen- wie auch sozialpolitische Probleme.
Innenpolitisch ist der Wert Toleranz angesprochen;
sozialpolitisch geht es um die Frage, wie weit die
Solidarität trägt. Mit großer Sorge schauen deutsche
Politiker auf die wirtschaftliche Stabilität der Länder
in Osteuropa, mit noch größerer Sorge beobachten
aus dem gleichen Grund Frankreich und Spanien
die Entwicklung des Maghreb und der westafrikani-
schen Staaten.

Dies führte in den letzten Jahren in den reichen
europäischen Staaten, besonders heftig aber in
Deutschland, zu einer Auseinandersetzung darüber, wie weit die Solidarität mit politisch oder
wirtschaftlich Notleidenden anderer Länder geht:
Wer erhält Asyl? Der auf die Bewohner des Landes
zugeschnittene Sozialstaat mußte – wegen der recht-
lichen Regelungen der Ansprüche eines jeden Indi-

viduums – seine Wohlfahrt plötzlich mit Menschen, die aus ärmeren Ländern angereist kamen, teilen. Die Bevölkerung zahlreicher Gemeinden war vor die Probe gestellt, wie viele Fremde sie toleriert, und die Politiker dieser Gemeinden mußten mit der rein finanziellen Frage fertig werden, wie viele Fremde können unterstützt werden.

Zu den Tugenden gehört ja auch die Besonnenheit, das Einschätzen des richtigen Maßes. So ist es realistisch gesehen auch erlaubt, ab einem gewissen Punkt eine Grenze zu ziehen: Das betrifft sowohl die Zahl der Aufzunehmenden als auch die Summe der zu zahlenden Gelder. Die Frage ist nur: Wo liegt die Grenze, und wie wird sie begründet?

So hätte diskutiert werden können, um ein tatsächlich entstandenes, politisches Problem zu lösen. Doch die Sachlichkeit verlor gegen den Populismus. Die Art, wie die Asyldebatte in Deutschland geführt wurde, verstärkte zum einen die Erkenntnis, daß die Politik inzwischen unfähig geworden ist, Probleme zu lösen. Zum anderen verlor die Gesellschaft, aufgehetzt durch angebliche Vorbilder in der Politik, die Richtung. Die Massenmedien nahmen sich des Themas zu vordergründig an, so daß eine totale Orientierungslosigkeit entstand. Und sie hält immer noch an, indem jugendliche Täter als »Neo-Nazis« abgestempelt werden, obwohl sie das primär nicht sind. Als Folge dieser Fehleinschätzung wird ausschließlich der Rechtsradikalismus bekämpft, obwohl die Ursachen sehr viel tiefer in dieser Gesellschaft liegen und mit dem Verlust der Ethik zu tun haben.

»Asylmißbrauch« wurde zum Schlagwort, mit dem um die politische Macht gekämpft wurde. Daß diese Parole all diejenigen diffamierte, die nach Deutschland kamen, wurde hingenommen. Selbst wenn sie aus wirtschaftlichen Gründen ihre Heimat verließen, so mißbrauchten sie das Asylrecht nicht, sondern paßten ihre Begründung, weshalb sie in Deutschland bleiben wollten, den Vorgaben an, die von ihnen verlangt wurden. Es kann doch kein Mißbrauch sein, ein Recht zu beanspruchen. Wenn es einem nicht zusteht, liegt die Entscheidung beim Staat, ob er dem Anspruch stattgibt oder ihn abweist.

Durch die Öffnung des Eisernen Vorhangs kamen so viele, wurden Gemeinden räumlich und finanziell so überlastet, daß die Regierung davon ausging, das Recht müsse geändert werden, um der neuen Lage Herr zu werden. Die Opposition aber beharrte auf einer Lösung, ohne das bestehende Asylrecht zu ändern.

Die Debatte wurde stark emotional geführt und bei denen, die ethisch argumentierten, durch die Vergangenheit des Dritten Reiches beeinflußt. Damals war Rassismus Staatsziel, und nicht nur Juden, sondern auch Sinti und Roma wurden in den KZ systematisch ermordet. Dies führte bei einem Teil der Bevölkerung zu der Ansicht, aufgrund der Schuld aus der Vergangenheit müsse jeder, der um politisches Asyl bittet, aufgenommen werden.

Hunderttausende waren Flüchtlinge aus dem jugoslawischen Bürgerkrieg, für die dieses Anrecht unbestritten als Solidarität galt. Es kamen andere ausschließlich wegen des Wohlstands, und sogar diejenigen (aus Rußland, Polen oder Jugoslawien), die eine bisher nicht bekannte Bandenkriminalität in die Bundesrepublik einführten. Aus falsch verstandener Brüderlichkeit sahen die Verteidiger des absoluten Asyls alle als gleich an. Sie argumentierten mit ethischen Vorstellungen, aber nicht immer besonnen.

Die Politik derjenigen, die sich nach den aufwallenden Gefühlen im Volk richteten, trug dagegen zum Verfall der Werte bei. Das nahmen die handelnden Politiker jedoch in Kauf, solange es dem Machterhalt diente. Die CDU mobilisierte in einer langfristigen, stabsmäßig geplanten Kampagne die niederen Gefühle des Volkes gegen die SPD, steckte damit sogar einige SPD-Politiker an, und schließlich wurde der Druck von unten auf die Lokalpolitiker so groß, daß die SPD einer Änderung des Asylrechts zustimmen mußte, wenn sie nicht erheblichen Machtverlust hinnehmen wollte.

Die CDU-Kampagne wurde vom damaligen Generalsekretär der CDU, Volker Rühe, geplant. Er forderte die CDU-Vertreter in Gemeinde- und Stadträten, in den Kreistagen und Länderparlamenten auf, Beschlüsse zum »Asylmißbrauch« herbeizuführen. Um besonders effektiv zu sein, verschickte Rühe einen Musterantrag an die CDU-Mitglieder, in dem es hieß, die Gemeinde könne keine weiteren Asylbewerber verkraften. Die politische Arbeit war so gut vorbereitet, daß in dem Antrag nur noch der Name des Ortes eingesetzt werden mußte.

Die CDU-Schlagworte hießen »Asylmißbrauch«, für den die SPD (wegen ihrer moralischen Position) verantwortlich sei. Wenn das Recht nicht geändert werde, so die CDU in Wahlanzeigen, kämen »weiter massenhaft Scheinasylanten. Das ist dann Sache der SPD.« Bremens SPD-Bürgermeister Klaus Wedemeier tappte in die populistische Falle und ließ im Sommer 1991 seine Stadt für rumänische und polnische Asylsuchende schließen.

Die unmoralische Debatte führte zu unmoralischem Verhalten: In dieser Zeit verdreifachte sich die Zahl der Angriffe gegen Heime, in denen Asylbewerber untergebracht waren. Weil die Regierungspartei die Stimmung angeheizt hatte, glaubte sich manch einer von der Fessel der Werte befreit. Von Pflicht, Einsicht und Gemeinschaft als Voraussetzung für das Wirken von Werten haben wir damals viel gesprochen, vor allem in der Öffentlichkeit. Aber wie sollen die Mitglieder der Gesellschaft noch Einsicht haben, wenn die Vorbilder in der Gemeinschaft die Pflicht aufheben?

Noch schlimmer: Der Eindruck entstand, als provozierten verantwortliche Politiker eine Eskalation der Gefühle im Volk. Damit sind sie für die

von den Gefühlen verursachten Taten mitverant-
wortlich. Die nicht bearbeiteten Asylanträge wuch-
sen bald auf eine halbe Million – und wurden dann
als Argument gegen die SPD verwandt.

Noch gefährlicher handelten Politiker an manchen Orten, wie Hoyerswerda oder Rostock. Der
Staat wich vor der Gewalt zurück. Gerade Rostock
wurde zu einem Schreckensbild des Volkszorns,
auch weil die Medien die dramatischen Bilder ex-
tensiv verbreiteten. Schuldig gesprochen wurden
hinterher jugendliche »Neo-Nazis«, nicht aber die
applaudierende Bevölkerung und die nicht eingrei-
fende Polizei. Dabei waren die Jugendlichen nur die
Handlanger der geistigen Brandstifter.

Was hatte denn dazu geführt, daß Hunderte von
Gewalttätern ein Haus in Brand steckten, in dem
mehr als hundert Vietnamesen und einige Deutsche eingeschlossen waren? Und warum griff die
Polizei nicht ein?

Erstens hatten politische Entscheidungen eine
Lage in Rostock herbeigeführt, die dazu angetan
war, den Volkszorn aufzuheizen. Und dies war möglicherweise so gewollt. In der Arbeitersiedlung Ro-
stock-Lichtenhagen war eine »Zentrale Anlaufstelle
für Asylbewerber des Landes Mecklenburg-Vor-
pommern« eingerichtet worden. Soweit kein Problem. Das Haus war allerdings zu klein, so daß über
Monate hinweg Hunderte von Menschen vor dem
Haus lebten: Allerdings wurde für sie ganz bewußt
nichts getan – was menschenunwürdig war. Sie soll-

ten abgeschreckt werden. Da auch sie menschlichen Bedürfnissen nachgehen mußten, verrichteten sie ihre Notdurft, wo sie konnten, und hinterließen ihren Müll, wo sie lebten. Dies mußte für die Anwohner unerträglich sein, und keinem ist vorzuwerfen, wenn er nicht hinnehmen wollte, daß seine Wohngegend plötzlich zur öffentlichen Toilette wurde. Trotz aller noch so massiven und dringlichen Warnungen aus der Stadt reagierte das Innenministerium in Schwerin nicht. Unter solchen Umständen ist es schwer, nachträglich die Toleranz zu verlangen, die vorher keiner eingefordert hat.

Zweitens waren die Gewalttäter durch die populistischen Parolen von Politikern gegen das »Asylrecht mißbrauchende Scheinbewerber« (Klartext: Die holen sich hier das Geld, das unsere Rentner nicht bekommen) angeheizt worden. Sprüche, die von Eltern zu Hause, Erwachsenen am Arbeitsplatz oder am Tresen wie auch von Gleichaltrigen in der Schule wiederholt wurden. Volkes Stimme, durch die von Politikern zu verantwortende, unhaltbare Lage aufgeheizt, billigte die Handlung.

Drittens haben die Massenmedien – besonders das Fernsehen – die Pogromnächte von Rostock sehr ausführlich gezeigt, wobei die Gewalttaten einen unermeßlich größeren Anteil an der Berichterstattung hatten als die Erläuterung des hier geschilderten Hintergrundes.[94]

Allerdings steht eine aktuelle Redaktion in solchen Situationen vor schweren Entscheidungen:

Was geschieht, darf nicht verschwiegen werden. Doch wie soll darauf eingegangen werden? Immer wird die Konkurrenzfrage gestellt: Was werden »die anderen« machen? Und da die kommerziellen Sender den Voyeurismus betreiben, stehen die öffentlich-rechtlichen Anstalten vor der Entscheidung, ob sie sich zurückhalten sollen. Werden sie in der Öffentlichkeit hinterher nicht wieder als »verschlafen« denunziert? Also müssen sie abwägen, ob sie von dem Ort, wo ein dramatisches Geschehen erwartet wird – oder stattfindet –, live berichten oder aber davon Abstand nehmen.

Die Live-Berichterstattung hat ihre Tücken. So verfälschte die Direktübertragung einiger Störaktionen bei der großen, von Bundespräsident von Weizsäcker mitgetragenen Demonstration zur Würde des Menschen in Berlin im November 1992 den tatsächlich friedlichen Ablauf der Veranstaltung. Live-Berichterstattung kann anheizen. Es läßt sich aber nicht verhindern, daß eine auch noch so bedächtige Darstellung von Gewalttaten wie in Hoyerswerda, Hünxe, Rostock, Mölln und Solingen als Fanal angesehen wird. Doch nicht die Berichterstattung darüber, sondern die »Fanaltaten« selbst haben zu einem sprunghaften Anstieg von fremdenfeindlichen Übergriffen in der gesamten Bundesrepublik geführt.

Betroffenheit und Toleranz wird von den besonnenen Politikern aller Parteien gefordert, doch die Wirkungskraft dieser moralischen Appelle ist gering, wenn die Menschen direkt betroffen sind und erfahren, daß unbedächtige Politiker ungeschoren davonkommen. Dabei sind sie es, die die Stimmung anheizen – wie etwa der CDU-Politiker Lummer, der von seiner Partei ungerügt über Bündnisse mit Rechtsradikalen philosophieren oder gar die »multikriminelle« Gesellschaft beklagen kann und damit Ausländer als Verbrecher diffamiert, während in der CDU besonnene Politiker heftig kritisiert werden, wenn sie sich, wie Heiner Geißler, konstruktive Gedanken über die multikulturelle Gesellschaft machen. Oder als weiteres Beispiel diese Meldung aus der »Tagesschau«: »Mit einem Eklat endete heute der Rostock-Besuch einer Delegation des Zentralrates der Juden in Deutschland. Der Vorsitzende des Innenausschusses der Bürgerschaft, der CDU-Politiker Schmitt, sagte auf einer Pressekonferenz dem Zentralratsvorsitzenden Bubis, seine Heimat sei Israel.«

Kein Wunder also, wenn am Stammtisch des kleinen Ortes Dolgenbrodt in Brandenburg zweitausend Mark gesammelt werden, um Rechtsradikale zu bezahlen, damit sie das zur Aufnahme von Ausländern vorbereitete Ferienheim in der Nacht vor deren Ankunft anzünden. Da handelt nicht mehr ein Einzeltäter, der meint, stellvertretend für die durch moralische Bremsen noch gehemmte Gesellschaft zu zündeln, sondern es kommt gar kein Unrechtsbewußtsein mehr auf, da schwindet jede Hemmschwelle, weil die Dorfgemeinschaft sich einig ist.

Beklagt wird, daß der vermeintliche Rechtsradikalismus der Täter vom Staat zu mild bekämpft wird. Richtig ist, daß die Justiz, wie der gesamte Staatsapparat, eben doch auf dem einen, dem rechten Auge blind ist. Das war sie immer, und das führt bis hin zum Bundesgerichtshof, der mit seiner Entscheidung, die Auschwitzlüge nicht als Volksverhetzung einzustufen, heftige Proteste auslöste. Auch die Polizei hat nicht nur in Rostock, in Magdeburg, in Solingen und anderswo ihre Pflicht nicht getan. Die Geheimdienste auch nicht. Wie sollen sie denn motiviert werden, wenn die Politik ihnen nichts anderes vormacht?

Freiheit in Gefahr

Die wahren Ursachen der Gewalt, die fremden-
feindlich genannt wird, aber auch Behinderte, Juden und Obdachlose trifft, liegen im Zerfall der
Gesellschaft, deren Zusammenhalt auf einer von
allen akzeptierten Ethik beruhen sollte. Den Zusammenhalt einer Gesellschaft kann eine Idee bewirken, die über dem Alltäglichen steht, die zu
verteidigen die Mitglieder der Gesellschaft alles einsetzen und zu deren Gunsten die Bürger auf eigene
Vorteile verzichten würden. Kurz, der transzenden-
tale Wert besiegt den Egoismus und schweißt die
Gesellschaft zusammen.

Lange Zeit war das der Glaube an Gott. Solange
der Ost-West-Gegensatz herrschte, war es im Westen der Wert *Freiheit* und im Osten der Wert *Gleichheit*. Für die Freiheit wären die Soldaten der NATO
in den Krieg gegen den Osten gezogen, für die
Gleichheit hätte der Osten den Warschauer Pakt
mobilisiert. Die Begründung der jeweiligen Werte
lag aber weitgehend nur in dem Feindbild des Geg-
ners, das nun nicht mehr existiert.

Welche Freiheit, so fragt sich heute ein junger
Deutscher, soll er denn als höheren Wert anerkennen. Die Freiheit der westlichen Gesellschaften

liegt in der Freiheit des Individuums, sich selbst zu entfalten. Und damit wird ein großer Teil der Jugend nicht fertig.

Denn die neuen Freiheiten führen nicht nur zu neuen, positiven Spielräumen, sie haben auch negative Folgen, die weiter gehen als die Aufspaltung in eine Zweidrittel-Gesellschaft (zwei Drittel wohlhabend, ein Drittel arm) oder die Ausgrenzung von Randgruppen (Obdachlose etc.); vielmehr geht es insgesamt um

▶ Auflösungsprozesse von Beziehungen zu anderen Personen oder von Lebenszusammenhängen (sei es in der Familie oder in Milieus);

▶ Auflösungsprozesse der Teilnahme an gesellschaftlichen Institutionen (z. B. vor allem der Wahlbeteiligung);

▶ Auflösungsprozesse der Verständigung über gemeinsame Wert- und Normvorstellungen (z. B. durch Subjektivierung und Pluralisierung).[95]

Offensichtlich haben sich die Erwachsenen in dieser Gesellschaft nicht genügend um die Einbindung der Jugend in die Gemeinschaft gekümmert. Da wird im Wahlkampf wieder die Familie beschworen. Dabei ist die traditionelle Familie immer mehr dem Individualismus und der Selbstentfaltung geopfert worden. Dies ist nicht nur eine Folge der Utopien von 1968.

Daran ist die Politik in hohem Maße schuld. Die wirtschaftlichen und sozialen Verhältnisse haben die Familie mit mehreren Kindern zum Luxus gemacht. Entsprechend große Wohnungen sind kaum erschwinglich. Eine Frau mit mehr als einem Kind kann kaum noch arbeiten, weil Krippen, Kindergärten, Schulen nicht so eingerichtet sind, daß sie die Arbeitszeit der Frau berücksichtigen. Deshalb haben von 9,5 Millionen Familien mit Kindern unter achtzehn Jahren mehr als die Hälfte nur ein Kind. Alleinerziehend sind mehr als zwei Millionen Menschen, davon eine Million mit einem Kind.

Außerdem ist die deutsche Gesellschaft alles eher als kinderfreundlich. Selbst in so kleinen Gemeinden wie dem Ort Dossenheim bei Heidelberg, einer wahren Bergstraßenidylle, erntete Bürgermeister Denger großen Protest, als er einen Spielplatz anlegen wollte. Sogar ein dort ansässiger Heidelberger Universitätsprofessor für Gynäkologie schrieb wegen des zu erwartenden Lärms der spielenden Kinder einen bitterbösen Brief an den Dorfschultheiß, der ihm allerdings antwortete, vielleicht könne ein Kollege des Professors mittels Genforschung ein pflegeleichtes Kind entwickeln.

Die Kommunikation zwischen Erwachsenem und Kind ist heruntergekommen. Mit Kindern wird immer seltener gespielt. Statt dessen werden sie vor der »Glotze geparkt«.

Dies führt zu abstrusem Verhalten, das auf Konzentrationsschwäche hinweist: In einem der besten

240

Hamburger Gymnasien wurden die Eltern der Neueingeschulten schon nach einem Monat zu einem Elternabend geladen. Der Lehrer beklagte sich, daß die meisten Kinder kaum zu interessieren seien, obwohl jedes Kind für sich wohlerzogen und intelligent sei. Aber die Kinder hätten sich angewöhnt, in dem Moment, in dem die Spannung nachlasse, auf das nächste Programm zu »zappen«. Nun erfahren sie plötzlich, daß der Lehrer nicht »weggezappt« werden kann.

Der soziale und gesellschaftliche Wandel hat, übrigens unabhängig von Schultyp und Erziehungsform – also keine Schuldzuweisung an die »Antiautoritären«! –, die Bedeutung des Fernsehens und der Gleichaltrigen für die meisten Jugendlichen wesentlich erhöht, während die traditionellen Erziehungsfaktoren Familie, Schule und Kirche verloren haben.[96] Die Schwächung dieser traditionellen Gemeinschaften hat zu einem Verlust von sozialer Kontrolle geführt, so daß das soziale Verhalten der Heranwachsenden negativ beeinflußt werden kann, was sich in wachsender Kleinkriminalität und Gewalt in den Schulen äußert.

Selbstentfaltung ist das goldene Kalb unserer Zeit. Jeder kann – so verspricht es die moderne Gesellschaft – seine eigene Biographie individuell wie ein Puzzle zusammenbauen. Nur wie dies geschieht, verrät den Jugendlichen keiner. Sie stehen einer Pluralität von »Angeboten« gegenüber, wissen aber nicht zu unterscheiden zwischen den »inneren Werten« eines Autos oder eines Menschen.

Im Osten waren die Jugendlichen bis zur Wende in ein festes Erziehungskorsett eingebunden und wurden autoritär-repressiv erzogen. Dennoch stellte die ostdeutsche Jugendforschung schon Mitte der achtziger Jahre fest, daß die Mentalität der Jugendlichen in der DDR sich bemerkenswert an westeuropäische Lebensorientierungen anpaßte. Der Wertewandel hin zu Selbstentfaltung und Partizipation fand auch dort statt, weshalb große Unterschiede zwischen dem Verhalten der jüngeren Generation in den neuen und den alten Bundesländern zum Erstaunen vieler einfach ausblieben.[97]

Der Wegfall von Utopien, Traditionen, von Klassen- und anderen Zugehörigkeiten wie auch von Glaubensvorschriften erschwert es dem Jugendlichen, sich eine Identität zu zimmern. So befindet er sich in einem Konflikt mit sich selbst, weil er Angst hat, bei der Identitätsbildung zu versagen.[98] Angst ist aber ein gefährliches gesellschaftliches Phänomen. Mit einem höheren Wert, der dem Menschen ein Ziel gibt, kann sie bekämpft werden.

Die Sozialgeschichte verzeichnet immer wieder einen Anstieg von Gewalt in angstgeprägten Zeiten, die mit konfliktreichen Individualisierungsschüben verbunden sind (so im Verfall feudaler Verhältnisse, zu Beginn der Französischen Revolution sowie in der Zeit der Industriellen Revolution). In solchen Zeiten stieg die Kriminalität jeweils stark an, besonders schnell die Gewaltverbrechen.[99]

Die soziale Angst der Jugendlichen, ihre Schwierigkeiten bei der Selbstentfaltung, die Selbstwertverluste bewirken, ihre Unfähigkeit, den Wertewandel zu bewältigen, und die daraus herrührende »Sinnkrise« führen zu einem Lebenskonflikt, der mit einem anderen Konflikt kompensiert wird: mit Gewalt. Denn dort, wo sich soziale Verankerungen aufgelöst haben und keine neuen entstehen, fallen Hemmschwellen, ausgelöst durch sozialen Druck, weg. Die Folgen des eigenen Handelns unterliegen dann nur noch der eigenen Verantwortung und nicht einem Gewissen, das sich an den Werten einer Gemeinschaft ausrichtet und das vor einer Pflichtverletzung als »schlechtes« Gewissen eine Hemmung aussprechen könnte.

In einer sächsischen Jugendbefragung[100] meinten 61 Prozent, daß der einzelne heute allein für sich stehe, und 52 Prozent stimmten zu, daß man sich derzeit nur mit Gewalt dagegen wehren könne, »untergebuttert« zu werden. Kein Wunder, daß gerade die Altersgruppe, die am stärksten unter der Identitätssuche leidet, auch am stärksten unter den

Gewalttätern vertreten ist: Zwei Drittel der Gewalttaten (unter rechtsextremem Vorwand) wurden von Leuten begangen, die jünger waren als zwanzig Jahre. Nur drei Prozent der Täter sind älter als dreißig!

Gewalt üben diejenigen als erste aus, die nicht gelernt haben, sich zu artikulieren und Konflikte demokratisch zu lösen. Und ihre Angriffe richten sich zuerst gegen Ausländer, weil die Aggression gegen Fremde es einem erleichtert, einer deutlichen Artikulation des eigenen Konflikts gegenüber einem einheimischen Mitglied der Gesellschaft aus dem Weg zu gehen. Erleichtert wird die Tat außerdem, so gaben Täter hinterher zu, wenn die Dabeistehenden passiv bleiben oder gar Zustimmung zu erkennen geben.

Und die Jugendlichen benutzen die rechtsradikalen, neonazistischen Symbole nicht wegen des geschichtlichen Inhalts, sondern weil sie von der Gesellschaft so heftig abgelehnt werden, daß die Gewalttat eine unglaubliche Wirkung hat: So kommt man in die Medien. Erst in zweiter Linie interessiert dann – einmal als Neonazi stigmatisiert – die rechtsradikale Gruppe, die vorübergehend eine besondere Identität vermitteln kann, was an dem Beispiel Solingen zu sehen ist, wo die vier Täter aus völlig verschiedenen Familien stammen: von dem Arztsohn bis hin zum Sozialfall.

Politik und Medien haben sich die Auseinandersetzung mit den Gewalttätern bisher allzu leicht gemacht. Denn diese sind oft keine politischen Randexistenzen. Die Täter haben weder eine gemeinsame soziale Herkunft noch einheitliche biographische Merkmale, sondern sie kommen aus allen Teilen der Gesellschaft. Und so ist das Problem kein ideologisches von rechtem (oder linkem) Extremismus, sondern von der Unfähigkeit eines wachsenden Teils der Jugend, sich in einer Gesellschaft zurechtzufinden, in der die Werte so verwirrt sind, daß der Ehrliche der Dumme zu sein scheint.

Daraus muß aber gefolgert werden, daß ein Ende der Gewalttaten nicht mit polizeilichen Mitteln herbeigeführt werden kann. *Abhilfe kann nur die gesamte Gesellschaft schaffen*, indem sie wieder die Einsicht vermittelt, daß es *eine Pflicht ist, für die Grundwerte der Gesellschaft zu leben*.

*Pflicht – Einsicht –
Gemeinschaft*

Disziplin – ein Fremdwort?

Pflicht ist *out* – nicht zuletzt als Reaktion auf das Dritte Reich. Aber ohne Pflichterfüllung funktioniert ein Gemeinwesen nicht. Wir müssen sie zurückholen in unsere Gemeinschaft. Viele werden es nicht gern hören, daß »die Pflicht gegen sich selbst«[101] sogar die Voraussetzung der Ethik ist. Doch, so argumentiert Immanuel Kant, »wer die Pflicht gegen sich selbst übertritt, der wirft die Menschheit weg, und dann ist er nicht mehr im Stande, Pflichten gegen andere auszuüben«.[102]

Die Gesellschaft braucht ein Gerüst von Grundwerten, das ihren Mitgliedern Halt und Orientierung gibt. Um dies wieder zu erreichen, sind zwei Maßnahmen unerläßlich.

Einerseits müssen sich diejenigen, die ihre Ausbildung hinter sich haben, mit den gegenwärtigen und künftigen Aufgaben der Gesellschaft auseinandersetzen und überlegen, was von ihr erwartet werden kann. Sie müssen wieder lernen, daß Pflicht nicht Unterdrückung, sondern Verantwortung bedeutet. In der Pflicht des einzelnen steckt die *Disziplin der Gesellschaft*. Je weniger der Mensch sich als ohnmächtiges Objekt äußerer Einflüsse sieht, desto eher ist er bereit, Verantwortung zu übernehmen. Er erfüllt Pflichten eher, wenn er davon ausgehen kann, daß sein Wollen Wirkung zeigt.

Zum zweiten müssen die Heranwachsenden auf ein Leben in der Gesellschaft hin erzogen werden: zur Bejahung ethischer Werte und zur Pflicht, diesen Werten zum Wohl der Gemeinschaft zu folgen.

Pädagogische Auseinandersetzungen gibt es seit eh und je; und ich will sie hier weder rekapitulieren noch fortsetzen. Wichtig daran ist nur: Die Erziehung der Kinder muß auf die jeweiligen Lebens- und Lernabschnitte abgestimmt werden. Sie beginnt in der Familie und wird in der Schule fortgesetzt. Irgendwann wird auch die Rolle der gleichaltrigen Gruppe immer stärker.

Durch die Entwicklung des Familienverhaltens und der Familienstrukturen hat diese kleinste Einheit der Gesellschaft in den letzten Jahren zunehmend an Bedeutung verloren. Die staatliche Erziehung muß deshalb um so mehr auf eine Ausbildung für das Leben in der Gemeinschaft achten. Es wäre falsch, heute von einem bürgerlichen Begriff der Familie auszugehen und zu meinen, Eltern seien die besten Vorbilder. Das sind nur wenige. Inzwischen arbeiten mehr als die Hälfte aller Frauen, und es werden ständig mehr. Deshalb muß die Gesellschaft dafür sorgen, daß für die Kinder Kindergärten, Vorschulen und Schulen eingerichtet werden, die den gesellschaftlichen Erziehungsauftrag zeitlich und inhaltlich übernehmen. (In Nordrhein-Westfalen soll ab Herbst 1995 Ethik als Unterrichtsfach für diejenigen eingeführt werden, die nicht am Religionsunterricht teilnehmen.)

In der Folge von 1968 wurde Autorität geächtet und die »antiautoritäre Erziehung« verherrlicht. Diese Auseinandersetzung um den richtigen Weg zum Glück führte zu zweierlei negativen Entwicklungen. Fortschrittlich denkende Eltern und Pädagogen hielten sich häufig ausschließlich an die Erkenntnisethik, die postuliert, daß allein die Vernunft den Menschen zu gutem Handeln befähige und es daher ausreiche, Kindern zu erklären, weshalb sie sich gut verhalten sollten. Grenzen zu setzen oder bei deren Verletzung gar Strafen auszusprechen war *out*, was bedeutete, daß Pflicht nicht mehr eingeübt wurde. Das »Lustprinzip« der bald gescheiterten Kinderläden war ein zusätzlicher Exzeß. Konservative Eltern und Pädagogen hingegen verstärkten die Verteidigung der alten »Werte- und Moralerziehung«, wobei Moral meist moralisierend, nicht ethisch gemeint war. Was aber Pflicht im Sinne von Gehorchen bewirken kann, haben wir nach 1933 erlebt. Diese Art des Gehorchens hat keine Zukunft.

Die Gesellschaft wird in den Augen der Jugendlichen nur dann wieder Sinn und Orientierung vorgeben können, wenn sich der Gedanke durchsetzt, daß die Sucht nach Geld und die Suche nach romantisch definierter Selbstverwirklichung nicht die essentiellen Ziele menschlichen Strebens und Handelns sind. Die Heranwachsenden dürfen in der Familie, in der Schule und in der Berufsausbildung nicht ausschließlich auf einen Beruf hin erzogen werden, wie es heute immer stärker geschieht. Aber auch die Lehrer werden lernen müssen, anders mit den Schülern umzugehen (weshalb die Politiker andere Bildungsziele vorzugeben haben).

Voraussetzung dafür ist: Es muß noch mehr Aufwand für die Ausbildung getrieben werden. Ob dies auch gleich mehr Ausgaben bedeutet, wage ich zu bezweifeln. Eine andere Struktur und pädagogisch bessere Arbeit könnten schon viel ausmachen. Auf keinen Fall darf die Schule weiterhin als Kindersortieranstalt dienen, die sich nach den Bedürfnissen der Produktionswelt richtet.[103]

Die Schule darf allerdings auch nicht die einzige Lehranstalt für soziales Lernen bleiben. Überall in der Gesellschaft muß zu *tugendhaftem* Handeln erzogen werden. Ein Modell könnte dafür die Projektgruppe von Ausbildern von Daimler-Benz in Gaggenau sein, die seit 1992 an einem Konzept zur Förderung moralischer Urteilsfähigkeit bei Lehrlingen arbeitet.[104] Neben die Fachkompetenz, Methodenkompetenz und die soziale Kompetenz tritt bei dieser Ausbildung als »vierter Baustein« die moralische Kompetenz. *Wert* wird bei der Daimler-Erziehung nicht im Sinn von »besserem Produkt«, sondern von Ethik und Kantschem Imperativ verstanden.

Banale, einst aus anderen Gründen abgeschaffte Vorstellungen erhalten wieder einen Sinn: Soll an Schulen nicht wieder die »Uniform« eingeführt werden? Nein, nicht die militärische ist damit gemeint oder jene, die herausstellt, daß man zu einer besseren Schule gehört, sondern die, die vom Äußeren ablenkt. Heute wird auf Schüler, die nicht die neueste, modernste Mode tragen, ein solch unglaublicher Gruppendruck ausgeübt, daß sich derjenige, der aus einem bescheideneren Haushalt kommt, entweder mit Gewalt von anderen Jugendlichen die Kleidung besorgt, die notwendig ist, um anerkannt zu werden, oder aber er fühlt sich ausgesondert. Und wozu dies führen kann, ist hinreichend bekannt. Das Wort »Uniform« gebrauche ich hier in seinem ursprünglichen Sinn: eine Form. In Frankreich werden heute noch die Schülerinnen und Schüler gebeten, nicht gerade in Uniform, aber uniform gekleidet zum Unterricht zu erscheinen. Damit ist eine dezente Kleidung in Grau oder Blau gemeint, die soziale Unterschiede verdeckt. Es würde die Erziehung zur Zusammengehörigkeit stärken, die dem Heranwachsenden, Orientierung Suchenden einen Halt gäbe.

Und weitaus existentieller: Unser Erziehungssystem steckt in solch einem Dilemma, daß progressive Pädagogen und Lehrer inzwischen Empfehlungen für eine »Anti-Gewalt-Erziehung«[105] geben: eine Erziehung, in der die Kinder lernen, Konflikte ohne Gewalt zu lösen. Dabei taucht plötzlich wieder der einige Zeit verpönte Gedanke auf, daß Grenzen gesetzt werden müssen und daß Strafen für die Einhaltung dieser Grenzen sorgen sollen.[106]

Pflicht ist unangenehm. Affekte oder Egoismus sind ihre Feinde. Um die Pflicht, die für den Erhalt der Moral notwendig ist, zu stärken, sind Strafen unumgänglich. Allerdings sind sie nicht einklagbar, da sich die Ethik im vorgesetzlichen Raum bewegt.

Strafen können auf verschiedene Weise wirken: einmal durch ein schlechtes Gewissen, also durch ein Schuldgefühl oder dadurch, daß der »Übeltäter« sich schämt, Konfuzius hat – wie gesagt – empfohlen, Gesellschaften nicht mit Gesetzen zu regieren. Denn die Menschen würden nur danach suchen, wie sie die Gesetze umgehen könnten. Statt dessen schlägt Konfuzius vor, der Mensch möge die Scham als Grenzwächter nutzen. Wer nicht gut handelt, schämt sich vor den anderen. Also ist sozialer Druck ein Mittel, um die Pflicht zu stärken.

Das hat sich übrigens auch schon in der Wirtschaft herumgesprochen. Während in den siebziger und achtziger Jahren Unternehmen auf ihre »corporate identity« achteten und meinten, damit mehr zu verdienen, haben sie festgestellt, daß nicht das Image wichtig ist, sondern das moralische Bild, das sie abgeben. Nichts hat der Deutschen Bank mehr geschadet als die Äußerung ihres Vorstandssprechers Hilmar Kopper im Zusammenhang mit dem Fall des Immobilienbesitzers Schneider, bei fünfzig Millionen Mark handle es sich um »peanuts«. Fünfzig Millionen sind für Handwerker, die unter dem Konkurs des Schneider-Imperiums zu leiden haben, unermeßlich viel.

In der neuen Generation der deutschen Vorstandsmitglieder beginnt der eine oder andere plötzlich, auf Ethik zu achten, und fragt sich, inwieweit sich Moral und das Treiben der von ihr geführten Unternehmen vertragen.

Im allgemeinen Umgang hat sich jeder daran gewöhnt, daß falsches Verhalten immer seltener eine Strafe nach sich zieht. Früher strafte die Gesellschaft streng, allerdings unerbittlich tumb, wenn ihre Tabus oder Traditionen gebrochen wurden. Die Literatur ist voll von solchen Fällen, denken wir nur an die Geschichte der Marquise von O. oder an Anna Karenina. In einer individualisierten Gesellschaft ist es jedoch schwieriger, jemanden durch sozialen Druck zu einem gesellschaftlich akzeptierten Verhalten (etwa zum ökologischen Wirtschaften) zu veranlassen. Es sollte sich jedoch jeder seiner Verantwortung bewußt sein. Und wenn er es nicht ist, muß die Gesellschaft Druck ausüben.

So wird ein Unternehmen, das im Umfeld von Gewaltfilmen im Fernsehen wirbt, in sich gehen, wenn die Käufer dessen Produkte bewußt verschmähen – und dies auch zu erkennen geben. Gewiß ist es nicht leicht, eine Grenze zu finden, wo gesellschaftlicher Druck sinnvoll ist und wo er belehrend, gar autoritär wird. Doch er sollte spätestens da einsetzen, wo es gilt, die Grundwerte zu schützen, beginnend mit der Würde des Menschen.

Vertrauen schaffen!

Pflicht ist *out*, weil bei immer mehr Menschen die Einsicht geschwunden ist, weshalb sie sich nach ethischen Werten richten sollen, während andere, insbesondere Menschen mit Vorbildcharakter, es nicht tun. Der Ehrliche will nicht mehr der Dumme sein.

Der Bürger hat gelernt, daß in einer Demokratie alle Menschen gleich sind. Wenn er nun erfährt, daß einflußreiche und aktive Persönlichkeiten und Gruppen eine Sonderbehandlung beanspruchen und glauben, sie könnten sich deshalb von moralischen Verpflichtungen ausnehmen, sieht er nicht ein, weshalb er sich ethischen Pflichten unterwerfen soll.[107] Die Stärke einer gesellschaftlichen Moral hängt aber zum wesentlichen Teil von Vordenkern und Vorbildern ab,[108] die in allen gesellschaftlichen Bereichen zu finden sind.

Einen herausragenden Einfluß haben Politik, Wirtschaft, Medien und Kultur; denn die Personen aus diesen Gruppen sind in erster Linie sichtbar. Sie müssen so handeln, daß das Individuum wieder Vertrauen in die Autorität der Werte erhält, um zu folgen, wenn es heißt: »Du sollst!«

Glaubwürdigkeit ist eine Voraussetzung für Einsicht. Eine besondere Bedeutung fällt Parteien und

Politikern zu, denn sie befassen sich in ihren Parteiprogrammen wie keine andere Gruppe der Gesellschaft mit den Fragen der Werte – und sind dennoch höchst unglaubwürdig. Dabei sollten sie ihre Handlungen stets an den Grundwerten messen. Zahlreiche politische Auseinandersetzungen zwischen Regierung und Opposition haben ethische Werte zum Inhalt – denken wir nur an die Abtreibungsdebatte, die Ökologie oder Kampfeinsätze der Bundeswehr bei Blauhelmmissionen.

Ein Teil der Orientierungskrise wird durch die mangelnde Glaubwürdigkeit der Politik ausgelöst. Diese Glaubwürdigkeit gilt es wiederherzustellen. Dazu sind in den letzten Jahren viele Vorschläge gemacht worden. Ich halte jedoch nichts von Einzelmaßnahmen, etwa die Amtsdauer von Abgeordneten zu begrenzen. Nur Grundsätzliches hilft.

Die erste Voraussetzung ist, daß die Politiker von rein machtpolitischem zu stärker ethisch geprägtem Denken zurückkehren. Politiker dürfen sich nichts herausnehmen, weil sie meinen, über dem Volk zu stehen. Wer das tut, muß abgewählt werden. Dazu bedarf es eines anderen Wahlrechts, das dem Bürger mehr Möglichkeiten gibt, mit seinem Stimmzettel auf die persönliche Auswahl der Volksvertreter einzuwirken. Damit könnten auch diejenigen, die Politik als Selbstversorgung ansehen, schnell abgestraft werden.

Mehr Mut ist eine weitere Forderung an die Politiker, wie auch: mehr Verantwortungsgefühl. Es ist unglaublich, mit welcher Großzügigkeit das Geld der Bürger neben den notwendigen Ausgaben einfach hinausgeworfen wird – etwa um einer kleinen Gruppe zu gefallen.

Wichtig wäre, die Parteienfinanzierung, wie sie heute üblich ist, aufzuheben. Dadurch würden die neben dem Staat bestehenden Parteibürokratien aufgelöst werden. Der Parteipolitiker wäre gezwungen, sich mehr mit dem Wähler zu befassen, sei es, um Spenden zu erhalten, sei es, um freiwillige Helfer zu überzeugen. Damit er auch lernt, daß in der Gesellschaft alle Menschen gleich sind, sollte ein engeres Verhältnis zwischen Politikern und Wählern entstehen: durch mehr direkte Politik – wie Volksbegehren –, durch die Direktwahl von Bürgermeistern, Landräten etc., vor allem aber des Bundespräsidenten. Denn er, der Vertreter des ganzen Volkes, hat eine besonders herausgehobene Vorbildfunktion.

Was Richard von Weizsäcker zu wichtigen Themen sagte, hat auf das Denken vieler eingewirkt; und was Roman Herzog in seiner Antrittsrede im Berliner Reichstag ansprach, deutet an, daß er einen ähnlich starken Einfluß haben kann. Wählt das Volk seinen Präsidenten, dann hört es ihm noch genauer zu, denn er kann wirklich zu einem *pater patriae* werden. Der Einwurf, eine Direktwahl bedeute, daß der Präsident mehr Macht erhalten müsse, oder aber der Hinweis auf die Weimarer Republik zieht nicht. Gerade weil der Präsident so wenig politische Macht hat, kann er ohne Gefahr vom Volk gewählt werden. In anderen Ländern – in Österreich oder Frankreich zum Beispiel – werden Präsidenten direkt gewählt, ohne daß der Wahlkampf die Person beschädigt. Und die Präsidentenwahl zur Zeit der Weimarer Republik läßt sich nicht mit heute vergleichen, denn die große Mehrheit der Deutschen ist politisch so erwachsen geworden, daß sie Volksverhetzern nicht mehr folgt.

Auch in Wirtschaft und Kultur werden die Führungskräfte wieder lernen müssen, Vorbild zu sein. Denn für alle heißt es Abschied nehmen von der Idee: Der Staat macht alles! Im Gegenteil: In allen gesellschaftlichen Bereichen ist mehr Eigenverantwortung gefragt. In der bisherigen Generation der Wirtschaftsführer, die jetzt von einer neuen Generation abgelöst wird, war das Denken fast ausschließlich vom Blick auf den wirtschaftlichen Erfolg geprägt. Alles andere hatte die Politik zu erledigen. Die Manager der Zukunft müssen weiter denken, denn sie produzieren nicht nur für einen Markt, sondern ihre Unternehmen sind Teil einer Gesellschaft, in der sie funktionieren – oder aber am Leiden der Gemeinschaft teilhaben.

Die Wirtschaft muß sich in Zukunft mehr an der Gemeinschaft beteiligen: Ein Personalaustausch zwischen Wirtschaft und Politik ist notwendig. Bei der Nachwuchsausbildung sollte die Wirtschaft dem Modell der Wertevermittlung von Daimler-Benz folgen.

Und schließlich kann die Wirtschaft eine wesentlichere Rolle bei der Unterstützung von Kultur übernehmen. Denn die Kultur spielt eine entscheidende Rolle bei der Vermittlung von Werten, was Richard von Weizsäcker bei seiner Abschiedsrede im Berliner Reichstag veranlaßte, die Finanzverantwortlichen in Bund, Ländern und Kommunen aufzufordern, nicht an der Kultur zu sparen: »Ihre Kosten sind kleiner als fast alle anderen Haushaltstitel, ihre Wirkung aber geht tief und tut der ganzen Gesellschaft wohl. Es ist nicht nur schöner, sondern es spart am Ende auch Geld, gutes Zusammenleben und Entspannung unter den Menschen mit Hilfe der Kultur zu fördern, anstatt die Folgekosten von sozialem Unfrieden tragen zu müssen. Kultur ist kein entbehrlicher Zierat, sondern humane Lebensweise der Bürger.«[109]

Weil den Medien neben der Politik eine ungeheure, noch wachsende Bedeutung in der Gesellschaft zukommt, müssen die Verantwortlichen dort zum Umdenken veranlaßt werden. Sie müssen lernen, was es heißt, moralisch zu handeln. Für die kommerziellen Veranstalter bedeutet dies: Geld steht nicht an erster Stelle. Die öffentlich-rechtlichen Rundfunkanstalten müssen einsehen, daß die Konkurrenzjagd nach der Einschaltquote Grenzen hat. Dort, wo Gewalt, Voyeurismus oder Sensationslust die Würde des Menschen verletzen, muß mehr Zurückhaltung geübt werden, auch wenn es weniger Gewinn bedeutet.

Es wird schwierig sein, dies nur mittels Einsicht umzusetzen. Als erstes benötigen wir eine Verbraucherschutzorganisation: »Greenpeace for the mind«, denn Müll im Kopf ist auch Umweltverschmutzung. Strenge Programmvorgaben müssen mit wirklichen Strafen einhergehen.

Nur wenn jeder an seiner Stelle daran mitwirkt, den Werten Glaubwürdigkeit zu verleihen, werden die Menschen wieder zur Einsicht kommen, daß sie Normen einhalten müssen.[110]

Das Individuum in der Gemeinschaft

Weil die Einsicht abgenommen hat, daß die Gesellschaft vom einzelnen Pflichten zum Wohl der Gemeinschaft verlangen darf, hat sich die Waage zugunsten des Individuums geneigt. Das Gleichgewicht muß jedoch wiederhergestellt werden. Eine hochentwickelte Wohlstandsgesellschaft in der modernen Welt ist aufgeklärt und stark genug, um beides zu garantieren:

▶ dem Menschen ein Recht auf individuelle Gestaltung seines Lebens,

▶ der Gemeinschaft das Anrecht, den einzelnen in die Pflicht zu nehmen.

Die Zukunft gehört den Gesellschaften, denen es gelingen wird, individuelle Lebensplanung und zentrale Autorität in ein wirksames Gleichgewicht zu bringen.[111]

Die Suche nach dem Sinn des Lebens befindet sich im Augenblick in den westlichen Gesellschaften in einem Zwiespalt zwischen Denken und Fühlen. Der Vernunft werden die Emotion, der Trieb und anderes mehr als Basis der Selbstfindung gegenübergestellt.[112] Emotionen aber wechseln ungesteuert. So können sie nicht die Grundlage für eine Identität bilden. Deshalb ist es gefährlich, gesellschaftliche Vorgänge durch Verhaltensforscher deuten zu lassen. Sie erklären etwa, die Kreatur wehre sich von Natur aus gegen alles Fremde. Und mit einem solchen »Trieb« werden dann Gewalttaten jugendlicher Deutscher gegen Ausländer in der Bundesrepublik begründet – Taten, die in Wirklichkeit nicht triebgesteuert sind, sondern aus der Unfähigkeit dieser unreifen Menschen herrühren, ihre Identität in dieser Gesellschaft aufzubauen. Zwar empfindet der Mensch Gefühle, Lust und Leid, zwar stecken in ihm biologische Triebe, doch er ist zur Vernunft fähig. Und die Fähigkeit, zwischen Gut und Böse zu unterscheiden, soll die Gefühle zugunsten des ethischen Handelns einschränken.

Doch die Deutschen fliehen zur Zeit – das wird besonders in der Literatur deutlich – in die Innerlichkeit, was sie Selbstverwirklichung nennen. Der Rückzug aus dem Alltag, aus dem Zusammenleben und Harmonieren mit anderen ist jedoch eine Flucht vor der Selbständigkeit.[113]

Der Westen hat die ethische Grundlage für die Gesellschaft vernachlässigt, weil er glaubt, alle Probleme seien mit einer guten Regierung zu lösen. Diesen Denkfehler – so Lee Kuan Yew[114] – hat der Osten nie begangen: Asiatische Gesellschaften beruhten weiterhin auf einer ethischen Ordnung. Dort sorge die Familie durch sozialen Druck dafür, daß der einzelne die Werte befolgt. Asien steht trotz aller Erfolge noch auf einem wirtschaftlich niedrigeren Niveau als der Westen. Doch mit wachsendem Einkommen wird sich auch die asiatische Großfamilie auflockern. Steigender Wohlstand gibt dem einzelnen finanzielle Unabhängigkeit von der Familie und erlaubt ihm eine individuelle Lebensplanung.

Wegen des Übermaßes an Individualität und der Vernachlässigung des Gemeinschaftsgedankens befinden sich die westlichen Gesellschaften in der Krise. Nun werden in Zeiten des Übergangs und des Wandels Teile des Moralsystems erschüttert. Um die Gesellschaft aus dieser Lage herauszuführen, müssen bei den Bürgern und Bürgerinnen die Fähigkeiten geweckt werden, sich einzubringen. »Die Individuen müssen bewegt werden, große Kollektivziele, denen sie sich widmen können, zu verfolgen. Sie müssen lernen, ein soziales Ideal zu lieben, an dessen Verwirklichung sie mitarbeiten können.«[115]

Vor allem die Überzeugung, für ein gemeinsames Ideal zu arbeiten, kann die Gemeinschaft wieder zusammenführen. Dies ist eine Erkenntnis, die Staatschefs, Kaiser, Könige, Fürsten, Diktatoren und Tyrannen häufig benutzt haben, um ihre Regime zu stützen und die Bürger zu unterdrücken – oder auf das Schlachtfeld zu führen. Die historisch negative Erfahrung ändert jedoch nichts daran, daß sich diese Erkenntnis auch zum Wohl einer Demokratie anwenden läßt.

❖

Freiheit, Gleichheit, Brüderlichkeit hatte sich die Französische Revolution auf ihre Fahne geschrieben; es sind die drei Grundwerte, die wir untersucht haben. Die *Brüderlichkeit* war unter den dreien stets das Stiefkind. Brüderlichkeit, die wir heute Solidarität nennen, könnte das Ideal sein, das der Gesellschaft wieder einen Sinn gibt. Solidarität muß jedoch – wie jeder andere Wert – nicht nur verstanden, sondern auch eingeübt werden. So gehört zur moralischen Erziehung das Gefühl der Zusammengehörigkeit. Immer weniger werden die heranwachsenden Generationen daraufhin erzogen.

Praktisch könnte das Ideal der *Solidarität* durch ein *soziales Pflichtjahr* für Mädchen und Jungen seinen Weg in die Gesellschaft finden.[116] In diesem sozialen Pflichtjahr würde das Individuum lernen, was der Sinn einer Gemeinschaft ist. Deshalb sollten den Jugendlichen bei der Ausübung des Pflichtjahres zur eigenen Auswahl (auch im Zeichen der Gleichberechtigung!) möglichst viele gesellschaftliche Bereiche offenstehen: neben dem reinen Sozialdienst in Pflege, Krankenhäusern, Kindergärten etc. der Umweltschutz, die Stadtpflege, die Entwicklungshilfe oder aber, wen es dorthin zieht, die Bundeswehr (falls sie nicht sinnvollerweise in ein Berufsheer umgewandelt wird). Unter den Dienstarten darf es keine Unterschiede geben. (Kein kürzerer Dienst für Soldaten!)

Gegen das soziale Pflichtjahr werden allerlei Argumente angeführt, von denen keines überzeugt.

Da ist zunächst einmal die Behauptung, das Grundgesetz verbiete mit Artikel 12 die Heranziehung zu einer bestimmten Arbeit. Die Väter des Grundgesetzes hatten dies nach den schlimmen Erfahrungen des Dritten Reiches beschlossen. Jeder Grundgesetzkommentator wird das soziale Pflichtjahr aber trotz des Artikels 12 als erlaubt ansehen, da erstens eine Wahl angeboten werden soll und zweitens weder die Intention noch die Durchführung dem nationalsozialistischen Arbeitsdienst entsprechen.

Ein weiteres Argument lautet: Gerade der Staat dürfe solche Maßnahmen nicht beschließen. Doch dahinter steckt ein negativer Staatsbegriff. Der Staat ist nämlich nichts anderes als die Gesamtheit der Institutionen, die sich die Individuen gegeben haben, um die gemeinschaftlichen Aufgaben zu lösen. Wenn der Staat in seiner Wirklichkeit den Bürgern nicht gefällt – und viel Kritik ist diesbezüglich schon an ihm geübt worden –, dann müssen sie den Zustand dieses Staates ändern. Da wir lernen sollten, mit sowenig Staat wie möglich (aber soviel wie nötig) auszukommen, wäre es sinnvoll, bei der Ausführung des Pflichtjahres wenig Staat einzuschalten. Es ist denkbar, daß die Verwaltung des Pflichtdienstes statt durch Staatsbehörden »öffentlich-rechtlich« geregelt wird, das heißt, Schulen, Universitäten, Handel, Wirtschaft, Handwerk, Sozialeinrichtungen und andere Institutionen organisieren den Pflichtdienst gemeinsam.

Es könnte den Gemeinschaftssinn fördern, wenn – soweit möglich – jeder sein Pflichtjahr in der nächsten Nachbarschaft, in seiner Gemeinde, ausübte. So müßten Jugendliche nicht »kaserniert« werden; die Kosten wären geringer, und die Nachbarschaft würde zusammenwachsen.

Das letzte Argument heißt: Frauen seien in der Gesellschaft stets benachteiligt, sie trügen die Hauptlast bei der Erziehung, und die 1,6 Millionen pflegebedürftigen kranken oder alten Menschen in der Familie würden zu über achtzig Prozent von Frauen gepflegt.[117] Diese Begründung zu akzeptieren hieße, die ungleiche Behandlung der Frauen festzuschreiben. Eine Frau wird vom sozialen Pflichtjahr befreit, weil sie benachteiligt ist, und sie darf weiterhin benachteiligt werden, weil sie vom sozialen Pflichtjahr befreit ist . . .

Die Frauen werden in Deutschland ungerechter behandelt als in den USA oder in Frankreich. Zur Brüderlichkeit gehört selbstverständlich, den Frauen nicht nur die gleichen Rechte wie den Männern zuzugestehen, sondern auch die gleiche Lebenswirklichkeit. Um die Gleichberechtigung herzustellen, muß den Frauen bei der Erziehung der Kinder jede erdenkliche Hilfe angeboten werden. In Beruf, Politik und Gesellschaft müssen den Frauen endlich gleiche Gehälter, gleiche Wahl- und Beförderungschancen eingeräumt werden, statt sie wieder in die biologische Ecke zu stellen: Weil sie weiblich sind, kümmern sie sich um Kinder und Kranke, Küche und Kirche. Eine Beteiligung der Mädchen am sozialen Pflichtjahr muß einhergehen mit der Verwirklichung der Gleichberechtigung.

Ob das soziale Pflichtjahr mit einer Entlohnung verbunden sein soll, wäre zu diskutieren; und wenn man sich dazu entschließt, dann sollte es nur ein geringer »Ehrensold« sein. Einem Ideal Opfer zu bringen sollte auch mit Verzicht verbunden sein.

In Deutschland besteht heute schon die Möglichkeit zu einem freiwilligen sozialen Jahr. Die Erfahrungen damit sind hervorragend und ermutigend. Allerdings haben manche Freiwillige darüber geklagt, sie seien für Drecksarbeit zuständig, sie müßten putzen und Arbeiten erledigen, die ausgebildete Schwestern nicht machen wollen.[118] In diesen Klagen ist Hochmut versteckt, denn die Ansicht, man sei als Freiwilliger eigentlich besser als die Schwestern, die ja entlohnt werden, bedeutet, daß man für sich eine Sonderrolle beansprucht. Es sind aber alle gleich. Und der Tugend der Bescheidenheit oder Besonnenheit entspricht es, daß Jugendliche im Pflichtjahr lernen, die unterste Arbeit zu verrichten. Sie tun es ja für die Gemeinschaft und nicht als jemand, den die Krankenschwester mißbraucht.

Wenn Jugendliche eines Tages zu der Einsicht kommen, daß ihr Pflichtjahr ein Akt der Solidarität ist, haben sie einen großen Schritt getan. Wenn sie sogar einsähen, daß sie gar nicht anders handeln dürften, als dieses Pflichtjahr abzuleisten, wären sie nicht mehr weit von der Erkenntnis entfernt, der Pflicht freiwillig gefolgt zu sein. Dann würden sie nicht mehr nach dem Sinn des Lebens fragen, denn sie hätten ihn gefunden, und die Orientierungskrise wäre überwunden.

Denen, die an diesem Vorschlag mit Fragen der »Machbarkeit« herummäkeln, entgegne ich: Wo ein Wille ist, ist auch ein Weg. Versucht nicht zu verhindern, sondern aufzubauen! Wer das aber nicht will, weil er wieder eine Klientel vertritt, der wird diese Gesellschaft weiter in die Krise treiben.

Es sollte allen bewußt sein, daß der Westen erst am Anfang der Kulturkrise steht, noch nicht mittendrin, schon gar nicht an ihrem Ende. Das Ende wird kommen, wenn der Ehrliche es satt hat, immer wieder der Dumme zu sein. Die im ethischen Sinn Ehrlichen sind noch in großer Zahl vorhanden. Dumm sind sie auch nur aus der Sicht derer, die aus materialistischen oder egoistischen Gründen die Ethik beiseite schieben. Ziel aufgeklärter Bürger und Bürgerinnen muß es sein, diesen Trend umzudrehen, so daß der Ehrliche nicht mehr der Dumme ist.

Anhang

Literaturhinweise

Allensbacher Archiv, IfD-Umfragen 1232, 5062 und 5066

Arnim, Hans Herbert v.: Ist die Kritik an den politischen Parteien berechtigt?, in: Aus Politik und Zeitgeschichte, B 2/1993

Beck, Ulrich: Risikogesellschaft. Auf dem Weg in eine andere Moderne, Frankfurt a. M. 1986

Bellah, Robert, u. a.: Gewohnheiten des Herzens, (dt.) Köln 1987

Bergson, Henri: Die beiden Quellen der Moral und der Religion, (dt.) Frankfurt a. M. 1992

Betz, Hans-Georg: Krise oder Wandel? Zur Zukunft der Politik in der postindustriellen Moderne, in: Aus Politik und Zeitgeschichte 3/1993

Bollnow, Otto Friedrich: Wesen und Wandel der Tugenden, Frankfurt/Berlin/Wien 1981

Brzezinski, Zbigniew: Macht und Moral, Hamburg 1994

Colge, Claus (Hrsg.): Das Böse, Frankfurt a. M. 1993

Durkheim, Émile: Erziehung, Moral und Gesellschaft, (dt.) Neuwied/Darmstadt 1973

Edelstein, Wolfgang (Hrsg.): Moral und Person, Frankfurt a. M. 1993

Emnid-Umfrage und Analyse, Nr. 3-4/1992

Giesen, Bernhard (Hrsg.): Nationale und kulturelle Identität, Frankfurt a. M. 1991

Heitmeyer, Wilhelm: Gesellschaftliche Desintegrationsprozesse als Ursachen von fremdenfeindlicher Gewalt und politischer Paralysierung, in: Politik und Zeitgeschichte, B 2-3/1993

—: Rechtsextreme Orientierungen bei Jugendlichen, Weinheim/München 1989

Herzog, Walter: Das moralische Subjekt, Bern/Göttingen/Toronto 1991

Hiesel, Erich: Wertorientierungen als Gegenstand einer Testentwicklung, Köln 1976

Hillmann, Karl-Heinz: Wertewandel. Zur Frage soziokultureller Voraussetzungen alternativer Lebensformen, Darmstadt 1989

Hoff, Johannes (Hrsg.): Wann ist der Mensch tot, Reinbek 1984

Höffe, Otfried (Hrsg.): Lexikon der Ethik, 4. Aufl. München 1992

—: Moral als Preis der Moderne, Frankfurt a. M. 1993

Huntington, Samuel P.: The Clash of Civilizations?, in: Foreign Affairs, Vol. 72 N° 3, 1993

Inglehart, Ronald: The Silent Revolution, Princeton 1977; (dt.) Kultureller Umbruch, Frankfurt/New York 1989

Jonas, Hans: Das Prinzip Verantwortung. Versuch einer Ethik für die technologische Zivilisation, Frankfurt a. M. 1984

—/Mieth, Dietmar: Was für morgen lebenswichtig ist, Freiburg i. Br. 1983

Kant, Immanuel: Eine Vorlesung über Ethik, Frankfurt a. M. 1990

Klages, Helmut: Wertorientierungen im Wandel, 2. Aufl. Frankfurt/New York 1985

Kräupl, Günther: Gruppengewalt Jugendlicher. Eine Untersuchung in Thüringen 1992, Jena 1992

Leggewie, Claus: Der Staatssekretär für Empörung – oder: Tintin im Ministerrat, in: Berking, Helmut (Hrsg.): Politikertypen in Europa, Frankfurt a. M. 1994

Noelle-Neumann, Elisabeth: Werden wir alle Proletarier?, Zürich/Osnabrück 1978

Rawls, John: Eine Theorie der Gerechtigkeit, (dt.) Frankfurt a. M. 1975

Rousseau, Jean-Jacques: Gesellschaftsvertrag, (dt.) Stuttgart 1991

Scheuch, Erwin und Ute: Parteien und Politiker in der Bundesrepublik (alt) heute. Thesen zu einer strukturellen Erneuerung der politischen Klasse (= Dokumentation der Wirtschaftsvereinigung der CDU NRW), Köln 1991

Schulze, Gerhard: Die Erlebnisgesellschaft, Frankfurt a. M. 1992
Schuppe, Matthias: Im Spiegel der Medien: Wertewandel in der Bundesrepublik, Frankfurt a. M. 1988
Shelley, L. I.: Crime and Modernization, Carbondale/Edwardsville 1981
Simmel, Georg: Einleitung in die Moralwissenschaft, Bd. 4, Frankfurt a. M. 1991
—: Philosophie des Geldes, Frankfurt a. M. 1989
Steigleder, Klaus: Die Unterscheidung zwischen dem »Tod der Person« und dem »Tod des Organismus« . . ., in: Hoff, Johannes (Hrsg.): Wann ist der Mensch tot, Reinbek 1984
Tugendhat, Ernst: Vorlesungen über Ethik, Frankfurt a. M. 1993
Wickert, Ulrich: Angst vor Deutschland, Hamburg 1990
—: Freiheit, die ich fürchte. Der Staat entmachtet seine Bürger, Königstein 1981
Wunden, Wolfgang (Hrsg.): Medien zwischen Macht und Moral. Beiträge zur Medienethik, Stuttgart 1989
Zahlmann, Christel: Kommunitarismus in der Diskussion, Berlin 1992
Zakarla, Fareed: Culture is Destiny. A Conversation with Lee Kuan Yew, in: Foreign Affairs, Vol. 73 No. 2, 1994

Anmerkungen

1 Renate Köcher, Institut für Meinungsforschung in Allensbach, auf dem Bundeskongreß der Katholischen Elternschaft Deutschlands, Erfurt 1993

2 Samuel P. Huntington: The Clash of Civilizations?, in: Foreign Affairs, Vol. 72 N°3, 1993, S. 22 ff.

3 The Sunday Times (Singapur), 28. 11. 1993, S. 1

4 Calvin and Hobbes, in: International Herald Tribune, 27. 10. 1993

5 Focus, 7. 2. 1994, S. 53

6 Die Welt, 25. 3. 1994

7 Zeitmagazin, 4. 11. 1993, S. 72

8 Helmut Dubiel, Direktor am Institut für Sozialforschung an der Universität Frankfurt a. M., in: SZ, 27./28. 3. 1993 (»Das ethische Minimum«)

9 Ebd.

10 Jean-Jacques Rousseau: Gesellschaftsvertrag, (dt.) Stuttgart 1991, Viertes Buch, 1. Kapitel, S. 112

11 Karl Popper: Appell an Europa, zit. nach: Hamburger Abendblatt, 21. 4. 1993, S. 3

12 Alfred Grosser am 8. 3. 1994 in Bonn, in einem Vortrag vor der Deutschen Gesellschaft für Auswärtige Politik

13 Zbigniew Brzezinski: Macht und Moral, Hamburg 1994, S. 236

14 Herbert Riehl-Heyse: Her mit den Werten, aber sofort!, in: SZ, 31. 7./1. 8. 1993, S. 129

15 Erich Hiesel: Wertorientierungen als Gegenstand einer Testentwicklung, Köln 1976, S. 9

16 Allensbacher Archiv, IfD-Umfrage 5066, Tabelle 7

17 Dietmar Mieth, in: Hans Jonas/Dietmar Mieth: Was für morgen lebenswichtig ist, Freiburg 1983, S. 34

18 Ebd.

19 Siehe hierzu: Ernst Tugendhat: Vorlesungen über Ethik, Frankfurt a. M. 1993, S. 77

20 Jonas, ebd., S. 8

21 Otfried Höffe (Hrsg.): Lexikon der Ethik, 4. Aufl. München 1992, S. 21

22 Zit. nach Thomas A. Metzger: Mit Zweifeln des Westens. Die Chinesen glauben an eine universelle Moral, in: FAZ, Nr. 302, 1993

23 Hasso Hofmann: Das Versprechen gegenseitiger Achtung, in: FAZ, 10. 4. 1993

24 Höffe (Hrsg.), Lexikon der Ethik, S. 102 f.

25 Zit. nach Tugendhat, ebd., S. 81

26 Ebd., S. 133

27 Siehe Henri Bergson: Die beiden Quellen der Moral und der Religion, (dt.) Frankfurt a. M. 1992

28 Helmut Klages: Wertorientierungen im Wandel, 2. Aufl. Frankfurt/New York 1985, S. 93 ff.; und Karl-Heinz Hillmann: Wertewandel. Zur Frage soziokultureller Voraussetzungen alternativer Lebensformen, Darmstadt 1989, S. 112 ff.

29 Durkheim, a. a. O., S. 62

30 Ronald Inglehart: Kultureller Umbruch, (dt.) Frankfurt/New York 1989. Weitere Werke dazu im Literaturverzeichnis, v. a.: Elisabeth Noelle-Neumann: Werden wir alle Proletarier?, Zürich/Osnabrück 1978; Helmut Klages: Wertorientierungen im Wandel, Frankfurt/New York 1984; Matthias Schuppe: Im Spiegel der Medien. Wertewandel in der Bundesrepublik, Frankfurt a. M. 1988

31 Ulrich Beck: Risikogesellschaft. Auf dem Weg in eine andere Moderne, Frankfurt a. M. 1986; Schuppe, a. a. O., S. 5

32 Siehe Hans Jonas: Das Prinzip Verantwortung. Versuch einer Ethik für die technologische Zivilisation, Frankfurt a. M. 1984

33 Schuppe, a. a. O., S. 11
34 Émile Durkheim: Erziehung, Moral und Gesellschaft, (dt.) Neuwied/Darmstadt 1973, S. 78
35 Ebd., S. 165
36 Rousseau, a. a. O., S. 18
37 Klages, a. a. O., S. 52 ff.
38 »Emnid-Umfrage und Analyse«, Nr. 3–4/1992
39 Ulrich Beck: Den Frosch küssen. Leben in der unbekannten Gesellschaft Europas, in: SZ, 7./8. 5. 1994, S. 17
40 Ebd.
41 Durkheim, a. a. O., S. 129
42 Zit. nach: Ulrich Wickert: Angst vor Deutschland, Hamburg 1990, S. 23
43 Zit. nach Konrad Adam: Was von den Richtungskämpfen bleibt, in: FAZ, 12. 3. 1994
44 Siehe Robert Bellah u. a.: Gewohnheiten des Herzens, (dt.) Köln 1987; und Christel Zahlmann: Kommunitarismus in der Diskussion, Berlin 1992
45 Siehe dazu: Gerhard Schulze: Die Erlebnisgesellschaft, Frankfurt a. M. 1992
46 Allensbacher Archiv, IfD-Umfragen 1232 und 5062, Tabelle 11
47 Dr. Rüdiger Schulz: Individualisierung, Freizeitverhalten und Wertewandel, Vortrag beim Medienforum Nordrhein-Westfalen am 15. 6. 1993 in Köln
48 Thomas Ziehe, in: Kommunitarismus, a. a. O., S. 102 f.
49 Ebd., S. 103
50 Wilhelm Heitmeyer: Gesellschaftliche Desintegrationsprozesse als Ursachen von fremdenfeindlicher Gewalt und politischer Paralysierung, in: Politik und Zeitgeschichte, B 2–3/1993
51 Otto Friedrich Bollnow: Wesen und Wandel der Tugenden, Frankfurt/Berlin/Wien 1981, S. 78
52 Renate Mayntz: Social Norms in the Institutional Culture of the German Federal Parliament, MPIFG Discussion Paper 89/5

53 Hans Herbert von Arnim: Ist die Kritik an den politischen Parteien berechtigt?, in: Aus Politik und Zeitgeschichte, B 2/1993, S. 16

54 Wobei sich die Frage stellt, ob die Pflegeversicherung nicht die Verantwortung des einzelnen für die Gemeinschaft abbaut.

55 Durkheim, a. a. O., S. 148

56 Die Zeit, 8. 4. 1994, S. 12

57 Karl-Rudolf Korte: Ein Parlament als Beute der Parteien, in: Die Zeit, 27. 5. 1994, S. 10

58 Ebd., S. 18

59 Siehe hierzu: Claus Leggewie: Der Staatssekretär für Empörung – oder: Tintin im Ministerrat, in: Helmut Berking (Hrsg.): Politikertypen in Europa, Frankfurt a. M. 1994, S. 136 ff.

60 Ebd., S. 17

61 Wolfgang Richter: »Menschlicher Hilferuf« und Protest gegen die CDU-Spitze, in: Neue Zeit, 19. 3. 1994, S. 18

62 Thomas Amman in der Fernsehsendung »Panorama« vom 12. 4. 1992

63 E. K. und U. Scheuch: Parteien und Politiker in der Bundesrepublik (alt) heute. Thesen zu einer strukturellen Erneuerung der politischen Klasse (= Dokumentation der Wirtschaftsvereinigung der CDU NRW), Köln 1991, S. 20

64 Siehe Ulrich Wickert: Freiheit, die ich fürchte. Der Staat entmachtet seine Bürger, Königstein 1981

65 Von Arnim, a. a. O., S. 20 ff.

66 Bollnow, a. a. O., S. 129

67 Der Spiegel, 22. 11. 1993, S. 36 f.

68 Siehe Klages, a. a. O., S. 97 ff.

69 Ebd., S. 151

70 Ebd., S. 106

71 Elisabeth Noelle-Neumann: Werden wir alle Proletarier? – Wertewandel in unserer Gesellschaft, Zürich/Osnabrück 1978, S. 75

72 Siehe: Wolfgang Wunden (Hrsg.): Medien zwischen Macht und Moral. Beiträge zur Medienethik, Stuttgart 1989

73 Stephan Piltz: Aktualität und Menschenwürde, Vortrag bei den 26. Mainzer Tagen der Fernsehkritik, 1993

74 Thomas M. Gauly: Wir brauchen eine Ethik der Diskretion, in: Frankfurter Rundschau, 25. 5. 1993, S. 10

75 Jonas, Was für morgen . . ., S. 11

76 TV-Spielfilm, 4/1994

77 Georg Rosenthal: Zur Ethik der Medienproduktion, in: Wunden, a. a. O., S. 141

78 Zit. nach: Wie es zum NATO-Ultimatum kam, in: FAZ, 18. 2. 1994

79 Le Figaro, 6. 4. 1994, S. 4

80 Hans-Georg Betz: Krise oder Wandel? Zur Zukunft der Politik in der postindustriellen Moderne, in: Aus Politik und Zeitgeschichte, 12. 3. 1993, S. 11 f.

81 Ross Perot: How Stupid Do They Think We Are?, in: New York Times, 30. 8. 1992, S. 15

82 Hans-Martin Saß: The Quest for Humanism in a Scientific Society, Zs. f. allgemeine Wissenschaftstheorie XI/1(1980), S. 52

83 Projekt 3.1.4 (Januar 1994) am Institut für Wissenschaft und Ethik an den Universitäten Bonn und Essen

84 Klaus Steigleder: Die Unterscheidung zwischen dem »Tod der Person« und dem »Tod des Organismus« . . ., in: Johannes Hoff (Hrsg.). Wann ist der Mensch tot, Reinbek 1994, S. 95 ff.

85 Rousseau, Gesellschaftsvertrag, S. 11

86 John Rawls: Eine Theorie der Gerechtigkeit, (dt.) Frankfurt a. M. 1975

87 Bollnow, a. a. O., S. 185 ff.

88 Siehe Rudolf Reiser: Der Generaldirektor im Stehimbiß, in: SZ, 4. 2. 1993

89 Deutsche spenden im Ausland, in: FAZ, 19. 5. 1994, S. 5

90 Wolfgang Ockenfels: Plädoyer für eine moralische Marktwirtschaft, in: Hamburger Abendblatt, 23./24. 4. 1994
91 Klages, a. a. O., S. 104
92 Ulrich Beck: Vom Verschwinden der Solidarität, in: SZ,
13. 2. 1993
93 Jonas, Das Prinzip Verantwortung, S. 245
94 Erst vier Monate später (am 27. 1. 1993) sendete die ARD
die hervorragende Dokumentation »Wer Gewalt sät ...
Von Biedermännern und Brandstiftern« von Gert Mon-
heim, wo die Verantwortlichkeiten so genau aufgezeigt
werden, daß die Dokumentation beim Prozeß gegen die
Attentäter von Mölln an einem Verhandlungstag im Oktober 1993 vorgeführt wurde.
95 Heitmeyer, a. a. O., S. 4
96 Antwort der Bundesregierung auf die Große Anfrage der
Fraktionen der CDU/CSU und der F.D.P. »Situation der
Jugend in Deutschland«, Bundestagsdrucksache 12/4879
vom 4. 5. 1993, S. 53
97 Günther Kräupl: Gruppengewalt Jugendlicher. Eine Untersuchung in Thüringen 1992, Jena 1992, S. 7
98 Wilhelm Heitmeyer: Rechtsextreme Orientierungen bei
Jugendlichen, Weinheim/München 1989, S. 63 ff.
99 L. I. Shelley: Crime and Modernization, Carbondale/
Edwardsville 1981, S. 26 ff.
100 Kräupl, a.a.O., S. 5
101 Immanuel Kant: Eine Vorlesung über Ethik, Frankfurt
a. M. 1990, S. 130
102 Ebd., S. 131
103 Siehe: Aktion Humane Schule, organisiert im Sommer 1994
von Professor Wulf Wallrabenstein, Universität Hamburg.
104 Bruno Treiber, in: DGB-Gewerkschaftliche Bildungs-
politik, H. 1/Januar 1994, S. 9
105 Klaus Jürgen Tillmann: Wie kann man die männliche
Rolle lernen, ohne in Gewalt zu fallen?, in: Frankfurter
Rundschau, 15. 3. 1994, S. 10

106 Monika M. Metzner: Die Scheu, über Strafen zu reden, sollte abgebaut werden, in: Frankfurter Rundschau, 17. 2. 1994, S. 4

107 Walter Herzog: Das moralische Subjekt. Pädagogische Intuition und psychologische Theorie, Bern/Göttingen/Toronto 1991, S. 162

108 Hillmann, a.a.O., S. 130 ff.

109 Nachzulesen in: Frankfurter Allgemeine Zeitung, 2. 7. 1994, S. 5

110 Diese Erkenntnis hatten allerdings die großen Gesetzgeber des Altertums auch schon.

111 Inglehart, a.a.O., S. 19

112 Walter Herzog, a.a.O., S. 164

113 Ebd.

114 Fareed Zakarla: Culture is Destiny. A Conversation with Lee Kuan Yew, in: Foreign Affairs, April 1994, Vol. 73 No. 2, S. 109 ff.

115 Durkheim, a.a.O., S. 149

116 Dieser Gedanke ist in den letzten Jahren mehrfach vorgeschlagen worden, u. a. von Ralf Dahrendorf und Bundespräsident Richard von Weizsäcker.

117 Ursula Lehr: Pflicht zum sozialen Dienst für Jungen und Mädchen? – Contra, in: Die Welt, 24. 9. 1990

118 Alexandra Steiner: Nicht nur Dreckarbeit für die Freiwilligen, in: FAZ, 5. 7. 1993

Register

Aller, Heinrich 127
Aristoteles 10, 53, 100 f., 139, 222
Arnim, Hans Herbert von 105, 117 f., 136
Augustus, röm. Ks. 108

Balladur, Édouard 83, 182
Barbie, Klaus 80
Barschel, Uwe 161
Barzel, Rainer 102
Beck, Ulrich 74, 209 f., 225
Bellah, Robert 88
Berlusconi, Silvio 188
Biedenkopf, Kurt 106
Blüm, Norbert 106 f.
Bobbit, John Wayne 176
Bobbit, Lorna 176
Brandt, Willy 33, 82, 147
Braudel, Fernand 77
Brebeck, Friedhelm 182
Brzezinski, Zbigniew 48
Bubis, Ignatz 236
Burda, Hubert 170

Callas, Maria 158
Carter, Jimmy 48
Christopher, Warren 181, 183 f.

Churchill, Sir Winston 158
Claes, Wily 183
Clinton, Bill 158 f.

Dahrendorf, Ralf 282
Däubler-Gmelin, Herta 116
Demirel, Süleyman 120
Deng Xiaoping 15
Denger, Peter 240
Deniau, François 184
Diana, Princess of Wales 167
Dönhoff, Marion Gräfin 211
Droste, Herbert 126
Dubiel, Helmut 40
Durkheim, Émile 60, 67, 75 f., 82, 108

Edele, Markus 90
Edward, Prinz 163
Elisabeth II., engl. Kgn. 163, 208
Elmer, Konrad 105

Fabius, Laurent 114
Fay, Michael Peter 18
Förster, Klaus 117 f.
Friedman, Orri 197

Gassen, H. G. 200
Gauly, Thomas M. 166
Geißler, Heiner 236
Genscher, Hans-Dietrich 121
Gerstenmaier, Eugen 102
Giscard d'Estaing, Valéry
    114, 122
Glotz, Peter 106
Glucksmann, André 186
Grosser, Alfred 46

Habermas, Jürgen 10, 79,
    93
Haider, Jörg 188
Harris, Robert Alton 155
Hartmann, Nicolai 206 f.
Haumann, Friedel 131
Hauser, Monika 225
Hegel, Georg Wilhelm
    Friedrich 10
Herzog, Roman 99, 114, 258
Hitler, Adolf 75, 80, 200
Holtzbrinck, Dieter von
    178
Höppner, Reinhard 143
Hsün-tzu 54
Hubbert, Jürgen 49
Huntington, Samuel P. 17,
    228

Inglehart, Ronald 63 f.

Jauch, Günther 156 f.
Jefferson, Thomas 51
Jonas, Hans 173, 194
Juppé, Alain 181, 183 f.

Kant, Immanuel 10, 56, 58 f.,
    91, 249, 252
Kennedy, John F. 51, 109 f.
Kiersten, Andreas 125
Kinkel, Klaus 121 f., 184
Kirch, Leo 170, 178 f.
Klein, Franz 212
Klein, Thomas 125
Klepsch, Egon 115
Klose, Hans-Ulrich 101, 106
Kohl, Helmut 22, 36, 106 f.,
    109 f., 112 ff., 120 f., 138,
    159
Konfuzius 15, 54, 58, 254
Kopper, Hilmar 254
Kouchner, Bernard 118 f., 122
Kräupl, Günter 45

Lafontaine, Oskar 107, 110,
    112, 165, 167
Lambsdorff, Otto Graf 103
Lang, Jack 122
Langen, Werner 115
Langhans, Rainer 92
Laotse 15
Lee Kuan Yew 15 f., 18 f., 263
Léotard, François 122, 182,
    184
Lévy, Bernard-Henri 185 f.
Ludwig XIV., frz. Kg. 108,
    133, 212
Lummer, Heinrich 236

MacIntyre, Alasdair 88
Mahrenholz, Gottfried 178
Major, John 226

Mao Dzedong 15
Matthäus (Evangelist) 58
McLaren, Campbell 176
Menzius (Meng-tse) 54
Mieth, Dietmar 52
Mitterrand, François 33, 122, 168, 182, 185
Montesquieu, Charles de Secondat, Baron de la Brède et de M. 97, 115 f.
Münch, Werner 141

Napoleon, Ks. d. Frz. 83
Neudeck, Rupert 119

Ockenfels, Wolfgang 219 f.
Onassis, Aristoteles 158

Perot, Ross 187 f.
Perry, William 183
Philipp, Hzg. v. Edinburgh 163
Platon 100 f., 139, 189, 206
Plog, Jobst 178
Popper, Sir Karl R. 45 ff.
Prinz, Günter 169, 178

Radbruch, Gustav 138
Rau, Johannes 106, 172
Rawls, John 206
Riehl-Heyse, Herbert 49
Rocard, Michel 114, 185 f.
Rousseau, Jean-Jacques 44, 68, 105, 205
Rühe, Volker 121, 182 f., 231
Rushdie, Salman 46

Sarah, Hzgn. v. York (geb. Ferguson) 167
Saß, Hans-Martin 200
Scharping, Rudolf 106, 115
Schäuble, Wolfgang 82, 99, 101, 106
Scheuch, Erwin 128 f., 131
Scheuch, Ute 128 f., 131
Schiffer, Claudia 167
Schmidt, Helmut 34, 122, 147
Schmitt, Martin 236
Schneider, Jürgen 213, 254
Scholz, Christoph 125
Schreinemakers, Margarethe 174
Schröder, Horst 142
Schwarz, Stefan 103
Schwarz-Schilling, Christian 152
Seehofer, Horst 107
Sieyès, Émanuel Joseph 105
Smith, Adam 87
Sölch, Rudi 178
Solms, Otto 101
Sonne, Werner 202
Späth, Lothar 123
Springer, Friede 170
Stalin, Jossif Wissariono-witsch 32
Steinhöfel, Joachim 175
Stoltenberg, Gerhard 121
Stone, Sharon 175
Streithofen, Basilius 22
Süssmuth, Rita 140

Taylor, Charles 88
Teufel, Fritz 92
Thales von Milet 58
Thomas, Helmut 178
Touraine, Alain 87

Vogel, Hans-Jochen 106
Vittinghoff, Kurt 115

Waigel, Theo 167
Wallrabenstein, Wulf 281

Wallraff, Günter 165 f.
Walter, Ralf 115
Walton, Sam 188
Wedemeier, Klaus 232
Wegner, Markus 132 f.
Wehner, Herbert 138
Weizsäcker, Richard von 55,
    103, 105 f., 121, 135, 178 f.,
    235, 258, 260, 282
Wolf, Markus 165 f.
Wössner, Mark 178